Para

com votos de paz

DIVALDO FRANCO

Pelo Espírito Manoel Philomeno de Miranda

ENTRE OS DOIS MUNDOS

Salvador
6. ed. – 2023

COPYRIGHT © (2004)
CENTRO ESPÍRITA CAMINHO DA REDENÇÃO
Rua Jayme Vieira Lima, 104
Pau da Lima, Salvador, BA.
CEP 412350-000
SITE: https://mansaodocaminho.com.br
EDIÇÃO: 6. ed. (6ª reimpressão) – 2023
TIRAGEM: 3.000 exemplares (milheiro: 36.000)
COORDENAÇÃO EDITORIAL
Lívia Maria C. Sousa

REVISÃO
Luciano Urpia • Plotino da Matta
CAPA
Cláudio Urpia
MONTAGEM DE CAPA
Ailton Bosco
EDITORAÇÃO ELETRÔNICA
Ailton Bosco
COEDIÇÃO E PUBLICAÇÃO
Instituto Beneficente Boa Nova

PRODUÇÃO GRÁFICA
LIVRARIA ESPÍRITA ALVORADA EDITORA – LEAL
E-mail: editora.leal@cecr.com.br

DISTRIBUIÇÃO
INSTITUTO BENEFICENTE BOA NOVA
Av. Porto Ferreira, 1031, Parque Iracema. CEP 15809-020
Catanduva-SP.
Contatos: (17) 3531-4444 | (17) 99777-7413 (WhatsApp)
E-mail: boanova@boanova.net
Vendas on-line: https://www.livrarialeal.com.br

Dados Internacionais de Catalogação na Publicação (CIP)
(Catalogação na fonte)
BIBLIOTECA JOANNA DE ÂNGELIS

F825	FRANCO, Divaldo Pereira. (1927)
	Entre os dois mundos. 6. ed. / Pelo Espírito Manoel Philomeno de Miranda [psicografado por] Divaldo Pereira Franco. Salvador: LEAL, 2023.
	306 p.
	ISBN: 978-85-8266-132-1
	1. Espiritismo 2. Obsessão 3. Mediunidade I. Franco, Divaldo II. Título
	CDD: 133.93

Bibliotecária responsável: Maria Suely de Castro Martins – CRB-5/509

DIREITOS RESERVADOS: todos os direitos de reprodução, cópia, comunicação ao público e exploração econômica desta obra estão reservados, única e exclusivamente, para o Centro Espírita Caminho da Redenção. Proibida a sua reprodução parcial ou total, por qualquer meio, sem expressa autorização, nos termos da Lei 9.610/98.
Impresso no Brasil | Presita en Brazilo

SUMÁRIO

	Entre os dois mundos	7
1	Reminiscências e reflexões	15
2	O amigo de Jesus	23
3	A mensagem de convocação	31
4	Comentários e reflexões felizes	39
5	Preparativos indispensáveis	49
6	O acampamento espiritual	57
7	A falência do Dr. Marco Aurélio	65
8	As atividades prosseguem	77
9	Libertação de D. Lucinda	85
10	Discussões oportunas sobre a desencarnação	93
11	O fracasso de Laércio	101

12	Terapia desobsessiva	111
13	Doutor Emir Tibúrcio Reis, o missionário	127
14	Análises e observações novas	145
15	Parasitoses físicas	157
16	O santuário de bênçãos	165
17	Tribulações no ministério	183
18	Valiosas experiências espirituais	201
19	Compromissos de libertação	213
20	A glória e a honra de servir	225
21	O mensageiro de Jesus	241
22	O despertar coletivo de consciências	255
23	Eduardo e Marcondes	275
24	Diálogos e elucidações oportunas	285
25	Avaliação de tarefas e despedidas	295

ENTRE OS DOIS MUNDOS

Diariamente mergulham na névoa carnal milhares de Espíritos abençoados pela sublime dádiva do recomeço.

Simultaneamente, milhares de outros abandonam o casulo físico, carregando as experiências que vivenciaram durante o trânsito orgânico.

Enquanto uma verdadeira multidão desce ao proscênio terrestre para desenvolver os valores que jazem no âmago do ser, compacta massa humana retorna ao porto de origem, concluídos (ou não) os compromissos que assumiram antes do renascimento.

Espíritos imortais que somos, jornadeamos em sucessivas experiências fisiológicas, saindo do primarismo de onde procedemos no rumo da plenitude que nos está destinada.

Atavicamente dependentes das afeições e das atitudes desenvolvidas, quase sempre repetimos os processos a que nos amoldamos, sem grandes estímulos para o prosseguimento. É nesse comenos que o sofrimento, na condição de lapidador de arestas morais expressa-se, conclamando-nos à mudança de comportamento que propicia bem-estar e harmonia.

Nem sempre, porém, é aceito conforme seria desejável, em face das sensações desagradáveis e dos limites de movimentação que impõe, gerando rebeldia e insatisfação.

Não obstante, da mesma maneira que o processo evolutivo desenvolve-se etapa a etapa, inevitavelmente é aceito quando as suas tenazes ferreteiam com força dominadora.

Após os estertores da revolta, ante a impossibilidade de remover o incômodo processo educativo, afrouxam-se-nos as resistências e surge a compreensão necessária para a aceitação da ocorrência, que se transforma em benefício anelado.

Nesse entretempo, ocorrem desvarios, surgem culpas, estabelecem-se inimizades, nascem respeito e consideração, anelam-se liberdade e alegria, num caleidoscópio de sucessos que definirão os rumos existenciais futuros.

Impossível, porém, fugirmos do processo de crescimento imposto pelas soberanas Leis da Vida.

Tudo nasce para transformar-se, morrendo na forma e permanecendo na essência, acumulando habilidades que impulsionam para o progresso, mesmo quando acontecimentos imprevistos parecem reter a marcha do desenvolvimento.

Não existe estagnação no Universo, e no seguimento da evolução não há retrocesso, apresentando-se sempre formas de melhorarmos e de crescermos.

O mundo físico é o abençoado campo de aprendizagem e de experimentação dos dons que se encontram em germe, aguardando que os fatores que lhes propiciam o surgimento e o progresso imponham a sua poderosa ação. É transitório, de duração efêmera, com finalidade específica estabelecida pela Divindade.

O Mundo espiritual é permanente, real, causal, de onde se origina a vida e para onde retorna após os processos de adiantamento intelecto-moral.

Entre as duas dimensões há uma ininterrupta movimentação de seres espirituais em intercâmbio contínuo.

Muito difícil dizer-se, pois, que são dois mundos diferentes. Mais próprio asseverar-se que são duas dimensões de constituição específica, uma das quais é a condensação da energia em apresentação própria como a matéria e a outra é de natureza cósmica, especial, de onde surgem os condensados orgânicos e objetivos.

Intermediando-os, existem inúmeras outras esferas de constituição própria, nas quais a vida exulta e pulsa, de maneira específica, compatível com a finalidade para a qual foram elaboradas.

Nem poderia ser diferente. Aceitar-se a existência de mundos fixos e separados, sem qualquer fonte de vitalização e de intercâmbio entre eles, seria muita pobreza da Criação, tendo-se em vista que em tudo há uma graduação de estrutura desde a mais tênue, no campo absoluto da energia, até a mais grosseira, expressando a densidade material conforme é conhecida.

Constituídas essas esferas por vibrações próprias, servem de pousos para refazimento, de hospitais transitórios que albergam recém-desencarnados incapazes de alcançar mais elevadas zonas espirituais, de núcleos de sofrimentos compatíveis com as experiências infelizes que se hajam permitido aqueles que são atraídos por afinidade de ondas mentais e morais.

Mais distante da crosta terrestre, respira-se psicosfera superior, que antecede as Regiões Felizes, enquanto que, mais próximas, permanecem as condensações de energia eliminada pelos pensamentos, aspirações, vivências embrutecidas dos que prosseguirão aprisionados nos seus complexos meandros de sombra e de dor, de revolta e de insensatez, de ódio e de pesar.

A situação mais grave encontra-se na intimidade do planeta, onde existem sítios de angústia incomum e de expiações mui dolorosas, todos construídos em faixas de ondas psíquicas perversas e grosseiras, em que ainda se comprazem muitos habitantes desencarnados.

Nesse incessante ir e vir dos Espíritos na faina evolutiva, são estabelecidos critérios e paradigmas de comportamento que facultam o êxito dos candidatos à educação transcendental.

Assim sendo, cada um gera campo emocional de identificação com uma esfera equivalente entre os dois mundos, passando a habitá-la desde então, mediante a nutrição ideológica mantida.

Eis por que a ascensão é feita passo a passo, ou é conquistada de assalto, quando existe a resolução de alterar, por definitivo, a maneira de encarar a existência e de entregar-se aos objetivos sublimes que a todos aguardam.

Dos melhores exemplos desse assalto ao Reino dos Céus, entre outros, destacam-se Saulo, convertido em Paulo, e Francisco Bernardone, transformado no Pobrezinho de Assis, saltando da faixa em que se encontravam para os esplendores da Vida abundante, onde se instalaram após as refregas que os santificaram.

Não o conseguiram por privilégios, que não existem, mas sim pelo empreendimento de total entrega a Deus e a Seu Filho, seguindo-Lhe as pegadas e abraçando o sofrimento da Humanidade como de sua própria necessidade evolutiva.

Entre os dois mundos

Assim, é natural que, nem todos aqueles que se candidatam à santificação, consigam desembaraçar-se do cipoal das paixões a que se encontram atados, necessitando de reforço de energia e de encorajamento, a fim de poderem enfrentar os desafios externos e os impulsos interiores que procedem dos vícios não superados e das paixões inferiores não sublimadas.

Investimentos espirituais de alto valor são realizados em benefício de reencarnações importantes, que nem sempre redundam em êxito, como decorrência das fixações anteriores e dos hábitos perniciosos de que não se conseguiram libertar esses candidatos à elevação. Muitas vezes, malbaratando a ensancha nobre, porque ressumam os condicionamentos que os tomam por completo, tombam nos resvaladouros do insucesso, retornando, aflitos e infelizes, passando por longo período de convalescença, a fim de volverem a futuras experiências iluminativas.

Noutras circunstâncias, reencontrando aqueles aos quais prejudicaram, sofrem-lhes as injunções penosas, as perseguições contínuas, sendo arrastados a processos lamentáveis de obsessões, em que se perturbam gravemente, distanciando-se dos deveres que deveriam cumprir mesmo que através de sacrifícios continuados.

Em outras ocasiões, experimentando os efeitos danosos dos atos transatos, debilitam-se diante de enfermidades dilaceradoras ou de transtornos na área da afetividade, que os empurram a fugas espetaculares na direção de depressões graves, que redundam em suicídios danosos e de consequências imprevisíveis.

Objetivando a diminuição dos problemas, em face dos graves compromissos assumidos, amigos espirituais devotados, em nome do amor constantemente nos visitam, de modo a tornar-lhes menos ásperas as provações e a auxiliá-los na desincumbência das responsabilidades que lhes dizem respeito.

Este livro aborda uma dessas experiências de socorro aos nossos irmãos da Terra, procedentes de nossa Esfera de ação, com tarefas definitivas em favor da cristianização das criaturas, sob as luzes vigorosas dos postulados espíritas, conforme herdamos do insigne codificador Allan Kardec.

Sob a égide espiritual do mártir cristão Policarpo, que não trepidou em oferecer a vida a Jesus em sublime holocausto na arena romana, foram formadas 100 equipes aproximadamente, para atender ao maior número possível de Espíritos comprometidos com a Mensagem, que se encontravam em situação delicada ante as injunções que vive o planeta e as dificuldades pessoais em cada um vigentes.

Procuramos relatar, sem muitas minudências, os processos socorristas e as providências tomadas para que pudessem ser diminuídas as falências morais e os comprometidos infelizes, mantendo-se todos em clima de atividade edificante sob qualquer situação penosa que se apresentasse.

Durante um mês, o nosso grupo esteve em diligência espiritual, atendendo a verdadeiros missionários, uns anônimos, outros mais conhecidos, de forma que pudessem concluir o ministério assumido com elevação e fidelidade total ao Senhor.

Procuramos utilizar uma linguagem simples e acessível a diferentes níveis intelectuais, de modo que o aproveitamento da nossa realização faça-se amplo e claro, conscientizando os nossos leitores sobre atividade de tal monta, que lhes proporcione abertura mental para beneficiar-se também de recursos dessa natureza.

Entre os dois mundos

Confiamos que o nosso despretensioso esforço encontre ressonância nas mentes e nos corações, facultando um intercâmbio lúcido entre nós e eles, a fim de que o futuro da Humanidade seja menos aflitivo e a desencarnação se apresente como passaporte que faculta a entrada segura no país da Imortalidade.

Paramirim (BA), 26 de julho de 2004.
Manoel Philomeno de Miranda[1]

---

1. Com este livro, homenageamos o preclaro codificador do Espiritismo, Allan Kardec, por ocasião do seu bicentenário de nascimento, na cidade de Lyon, na França, no dia 2 de outubro de 1804 (nota do autor espiritual).

1

REMINISCÊNCIAS
E REFLEXÕES

Habitualmente, quando as atividades espirituais me permitem e o zimbório da noite pulsa de astros estrelares, derramando abençoada luminosidade, e o brilho de Selene em suave tom de prata veste a Natureza, deixo-me arrebatar pelas reminiscências terrenas...

Uma saudade mansa, feita de afeto, ternura e gratidão, toma-me os sentimentos enquanto as reminiscências terrenas assomam, levando-me, às vezes, às lágrimas dulcificadoras...

Não cesso de agradecer a Deus as bênçãos de que sou enriquecido, especialmente em razão da última experiência carnal, quando a sublime dádiva do conhecimento espírita vestiu-me o pensamento, iluminando-o, e o coração, dulcificando-o.

Repasso, através do caleidoscópio mágico da memória, as incomuns experiências que me tornaram a caminhada física favorecida pela alegria e pela esperança de liberdade, que busquei alcançar sem qualquer conflito ou solução de continuidade.

Diante dos desafios e ressarcimentos necessários, a confiança decorrente da fé racional, adquirida no conhecimento do Espiritismo, enrijecia-me o ânimo, vitalizando-me para o prosseguimento, mesmo quando sob chuva de calhaus e pisando em abrolhos...

A reencarnação é sublime concessão de amor, ensejando aprendizado e crescimento íntimo, de maneira que sejam descobertos os inabordáveis tesouros de sabedoria que jazem adormecidos no imo, aguardando o momento propício para a finalidade que lhes está destinada por Deus.

Embalado pela musicalidade superior que perpassa carreada por brisas perfumadas, sempre retorno às lembranças das lutas contra as paixões perversas, que o archote do esclarecimento facultava-me superar, saindo-lhes dos dédalos escuros e enfermiços.

Quando as emoções alcançam-me o máximo, o afeto ao querido planeta convida-me a envolvê-lo em vibrações de ternura, orando pelos seus habitantes, especialmente por aqueles que ainda não tiveram a honra nem a felicidade de inserir na mente a incomparável proposta da revelação espiritista.

Em face dessa ignorância, compreendo as razões por que prosseguem iludidos e intoxicados pelos vapores morbíficos do desequilíbrio, distantes de quaisquer contribuições imortalistas. Eles ainda não despertaram para os valores indiscutíveis da sublimação dos sentimentos.

Assim equivocados, convertem a existência numa tormentosa viagem em busca de coisa nenhuma, em ânsias inquietadoras de prazeres e gozos anestesiantes, singrando as águas agitadas da fantasia.

Entre os dois mundos

Quando, porém, sacudidos pelas inevitáveis tormentas que sucedem na travessia do processo evolutivo, sem estrutura moral para os enfrentamentos, sem motivações seguras para prosseguir, deixam-se escorregar na direção do fosso profundo da revolta e da loucura.

Incapazes de discernir o que lhes acontece, anulam a capacidade de raciocinar e perdem a oportunidade valiosa, complicando mais ainda as angústias e aflições.

Desconhecendo o intercâmbio entre os seres humanos e os espirituais, tornam-se vítimas espontâneas de mentes perversas ou viciosas que os exploram em contínuo processo obsessivo.

São dignos de compreensão e merecem nosso melhor carinho, aguardando o momento em que estejam receptivos ao esclarecimento espiritista, a fim de começarem a viagem do autodescobrimento.

Nessas ocasiões, tomado pelas evocações espontâneas, sempre penso na possibilidade de pedir e suplicar aos navegantes do corpo físico que amem a Terra, descobrindo as suas potencialidades de inimaginável beleza, passando a amar-se mais, mediante o aprimoramento moral, de maneira que lhes seja possível amar também ao próximo, e, por consequência, a Deus, refletido no cosmo de cada ser tanto quanto no universal.

A Terra é planeta ricamente dotado de valores inquestionáveis para a felicidade pessoal e grupal. Escola bendita, é ninho de esperança e oficina de crescimento interior, tanto quanto hospital de almas que se encontram enfermas, necessitadas por enquanto do ferrete do sofrimento para melhor entenderem a finalidade da existência.

Construída pelo inefável Amor do Pai, faz parte das infinitas moradas espalhadas na Sua Casa, e que nos é concedida como colo de mãe, a fim de que possamos conhecer a vida e conquistá-la através do esforço pelo trabalho e pelas reflexões interiores, ao mesmo tempo auxiliando-a no crescimento e na transformação que lhe estão fadados.

Seus amanheceres de sol e os seus entardeceres de sombra e luz, quando surgem as primeiras estrelas, são convites à meditação e à alegria propiciadoras de ventura e espiritualização.

As suas paisagens, portadoras de fascinante estesia, são musicadas pelas onomatopeias da Natureza sempre em festa.

O majestoso poema de vida estuante em toda parte, é invitação permanente à meditação em torno da *realidade*, que não pode ficar desconhecida ou empanada pelas nuvens da ignorância.

Mesmo quando as catástrofes naturais, em forma de sismos e erupções vulcânicas, tornados e furacões, incêndios vorazes e chuvas torrenciais avassalam tudo, em decorrência uns da acomodação das placas tectônicas, outros como frutos amargos do efeito estufa, do aquecimento do ar ou da explosão de gases internos, bem como de matéria ígnea, são espetáculos de incomparável fascínio, que mesmo arrebatando corpos, não conseguem ceifar a vida.

Exercem a função depuradora, convidando o pensamento às considerações em torno da Divina Justiça que encerra existências comprometidas, de maneira que não se tornem necessários para o seu refazimento moral os processos comuns dos desforços humanos de uns contra outros indivíduos.

Entre os dois mundos

Adstritas à Lei Natural, essas tragédias convertem-se em dádivas para a evolução humana, que não depende exclusivamente de uma existência física, mas de todo um largo investimento de experiências próprias para a iluminação íntima de cada ser.

Logo passadas as forças tiranizantes e tudo se renova, ajusta-se aos padrões da evolução, avançando, o próprio planeta, para *mundo de regeneração*, quando as condições geológicas forem propícias à ventura e ao prolongamento existencial.

O ser humano, embora a inteligência que o conduz a conquistas fabulosas, não se permitiu a realização interior nem o entendimento das causas que o geraram, acomodando-se ao conceito espúrio do acaso improcedente, por cujo meio evade-se das responsabilidades para consigo mesmo, o próximo e a Natureza.

Sua flora, sua fauna, seus minérios extraordinários, tudo constitui na Terra um conjunto de perfeito equilíbrio e de programação superior, obedecendo a uma ordem preestabelecida, que vige soberana. Quando perturbada, interrompida ou vilipendiada, abre campo para efeitos semelhantes que se voltam na direção de quem agiu incorretamente...

É necessário, portanto, que haja, na criatura humana, o despertamento moral, a fim de que a Terra seja respeitada pelo menos, quando não amada, o que constitui um dever impostergável.

Nessa grandiosa epopeia, aquele que ainda não se entregou a Deus avança triste, desalentado, sem rumo ou encharcado de excessos pelo desvario que se permite, despertando, mais tarde, no Além-túmulo, arrependido e tumultuado, ansioso e desiludido.

Como, porém, o Amor de Deus é infinito, recondu-lo ao mesmo proscênio, no qual se comprometeu lamentavelmente, a fim de que recomece, reconstitua o programa iluminativo e reencontre-se, descobrindo o Criador, ínsito nele mesmo.

Este querido planeta necessita do amor e do respeito humano, a fim de que o tempo que há de vir não se apresente severo em demasia para os seus futuros habitantes, que seremos nós mesmos de retorno.

O homem e a mulher contemporâneos alcançaram o Cosmos e hoje estudam Marte, graças aos robôs, um dos quais lhe analisa a constituição material, na tentativa de encontrar água, o que significaria nele ter havido ou existir vida, enquanto o outro se encarrega de tarefas especiais, fotografando-o e estudando-o, desde há mais de 60 milhões de quilômetros de distância do centro de controle...

Ao mesmo tempo o telescópio Hubble envia fotografias de galáxias jamais concebidas, umas sendo devoradas pelos *buracos negros* e outras surgindo da poeira cósmica.

Embora marchem para a desativação por problemas técnicos ou desgaste de material de manutenção, ampliam a compreensão em torno do Universo e oferecem recursos extraordinários para o entendimento da sua origem e das possibilidades de vida em alguma parte, conforme a ainda pobre concepção humana.

Simultaneamente, devassaram o infinitamente pequeno, interpretando a matéria como energia condensada, o que os leva a conceituações audaciosas em torno da sua realidade como ser quântico. No entanto, no que diz respeito aos valores do Espírito, embora as incontáveis confirmações da sua realidade, obstinadamente se detêm em conceitos

Entre os dois mundos

passadistas e utilitaristas, evitando comprometimentos profundos e libertadores.

Há, mesmo que inconscientemente, um latente medo da Verdade, que produz alteração profunda na conduta, modificando conceitos e paradigmas em que têm sido estruturadas as suas existências.

É muito mais cômodo e aceitável a permanência nas convenções e conclusões estabelecidas do que a audácia de nadar contra a correnteza do que está definido e aceito pelos interesses que predominam em todos os setores de atividade.

Por isso, é necessário ser-se grato e generoso para com o planeta, contribuindo para a sua finalidade superior, que transcende a imensa massa de que se constitui.

Foi, numa dessas noites inexcedíveis de reminiscências e reflexões, que retornei à realidade, quando se me acercou o venerando amigo José Petitinga, amado companheiro de lide espírita na Terra, convidando-me para participar de um encontro com nobre visitante que deveria proferir uma palestra especial em nossa Esfera, dentro de alguns minutos, em nosso departamento de cultura e de realizações espirituais.

Felicitado pela convocação e pela presença do nobre amigo, retornei à realidade dos compromissos habituais, enquanto, mantendo uma ilustrativa conversação, dirigimo-nos ao amplo auditório onde sempre nos reunimos para os cometimentos dessa natureza.

2

O AMIGO DE JESUS

Em determinado momento, com a bonomia que lhe é habitual, o querido amigo Petitinga elucidou-me:

– Como você recorda, hoje estamos recebendo a visita de querido amigo procedente de elevada Esfera espiritual, que nos vem trazer palavras de levantamento moral e orientações para as tarefas que nos dizem respeito em relação ao futuro.

De imediato, lembrei-me da programação estabelecida, evocando a referência que nos fora dada a respeito do ilustre visitante. Estimulado pela cordialidade do caro interlocutor, indaguei-lhe a razão pela qual a Entidade era chamada de o *amigo de Jesus*.

Como se esperasse a indagação, o gentil companheiro sintetizou:

– O irmão Policarpo,[2] que hoje nos honra com a sua presença, é mártir cristão, que ofereceu a vida ao Divino Mestre na arena romana durante uma das cruéis perseguições desenca-

---

2. Policarpo foi um mártir cristão que nasceu presumivelmente na Ásia Menor, antes de 69 e que morreu em Esmirna, por volta do ano de 155. Entre as extraordinárias realizações do seu ministério, escreveu diversas epístolas, uma das quais dirigida aos filipenses, narrando a viagem de Santo Inácio, constituindo-se um documento valioso a respeito do Cristianismo primitivo.

Não nos referimos a essa personagem, senão a outrem, que nasceu e morreu posteriormente, mas que é também seu homônimo (nota do autor espiritual).

deadas pelo imperador Diocleciano, por ocasião do fim da sua governança, no começo do século quarto da nossa Era.

A sua implacável perseguição aos cristãos, que considerava como um grande perigo para o Império e para a sua autoridade, ceifou milhares de vidas mediante terríveis suplícios que lhes foram infligidos em todas as regiões por onde se espraiavam as suas províncias, sendo praticamente todo o mundo conhecido...

Ante a rudeza das calamitosas refregas, não foram poucos aqueles que abjuraram a fé, rendendo culto ao imperador e aos deuses, provocando dilaceradoras angústias nas falanges dos servidores do Cristo.

Aprisionado no norte da África, onde se celebrizara pelo verbo inflamado e pelas ações dignificantes de caridade e de amor, Policarpo foi enviado em ferros a Roma com a família – mulher e dois filhinhos –, bem como outros discípulos do Rabi, sendo atirado às feras, num dos turbulentos festivais de loucura.

Altivo e de ascendência nobre, em razão de ser romano de nascimento, foi-lhe proporcionado ensejo de renunciar à fé, retornando ao culto dos ancestrais, providência que pouparia a sua e a existência da família. Embora de alma dilacerada pelos sofrimentos que lhes seriam impostos, optou pela fidelidade à consciência, sendo martirizado com os seus.

Conta-se que, antes de ser atirado à arena, em face da sua inteireza moral, por ordem superior foi supliciado pela soldadesca, enquanto a mulher e os filhinhos eram submetidos a humilhações inomináveis. Igualmente portadora de alta espiritualidade, Flamínia, a companheira digna, ao invés de atemorizar-se, mais confiou nos desígnios divinos, revestindo-se

Entre os dois mundos

de coragem e de fé inquebrantáveis, que surpreendiam aqueles insensíveis algozes da sua firmeza moral.

Comovido pela evocação do testemunho desses Espíritos de escol, fez uma pausa, de imediato, prosseguindo:

— *No dia em que deveriam servir de repasto aos leões, leopardos e tigres esfaimados, Policarpo foi jogado no meio dos companheiros atemorizados, lanhado e esgotado nas forças pelos flagícios sofridos, e mesmo assim, tentou recompor-se, para transmitir ânimo àqueles que, não obstante o amor e a confiança no Mestre, choravam apavorados temendo o próximo terrível testemunho que os aguardava.*

O subterrâneo infecto por dejetos e cadáveres não removidos tornara-se lôbrego e nauseante. Aqueles que ali se encontravam haviam perdido praticamente o discernimento e, hebetados uns pelo medo, agitados outros pelo desespero, estremunhados diversos, vendo-se abandonados, subitamente sentiram a mudança da atmosfera, quando ventos inesperados que sopravam no ardente mês carrearam o doce perfume dos loendros dos arredores abertos aos cálidos beijos do sol.

De imediato, uma psicosfera de paz invadiu o recinto sombrio e fez-se um significativo silêncio, enquanto o rugir dos animais misturava-se à algazarra desmedida da multidão agitada pelos corredores, assomando às arquibancadas e galerias, aplaudindo o espetáculo burlesco que sempre precedia às matanças desordenadas.

Foi nesse momento que o apóstolo, recuperando as energias e inspirado pelos emissários do Senhor, convidou o magote assustado à reflexão e à prece, elucidando:

— *Morrer por Jesus é a honra que agora nos é concedida. Enquanto Ele, que não tinha qualquer culpa, doou a Sua vida, para que a tivéssemos em abundância, convida-nos a que ofereçamos a nossa, a fim de que outros, que virão depois, igualmente a possuam. Morrer por amor é glória para aquele que se imola. Enquanto o mundo nos surpreende com as suas ilusões, sombras e traições dos nossos sentidos, a morte é vida perene em luz e felicidade. Não nos separaremos nunca! Avancemos juntos, portanto, pois que o Mártir do Gólgota nos aguarda em júbilo. O nosso sangue irá fertilizar o solo dos corações, a fim de que se expanda a nossa fé, modificando a Terra e elevando-a ao estágio de mundo de reabilitação.*

Ele fez uma ligeira pausa, dominado pela emoção que contagiava os ouvintes atentos, inebriando mentes e corações de esperanças na Imortalidade, e, de imediato, dando seguimento: — *É fácil morrer, especialmente quando se soube viver transformando urzes em flores e calhaus em estrelas. Cantemos, dominados pela infinita alegria de doar o que possuímos de mais valioso, que é a vida física. Jesus, que nos ama, aguarda por nós!*

A emoção era geral. Uma aragem de paz tomou-os a todos. A esposa acercou-se-lhe com um filhinho no regaço e o outro lhe segurando as vestes, e tocou-o. Abraçando-a com lágrimas, ele agradeceu-lhe a coragem, prometendo que prosseguiriam amando-se depois da sombra da noite...

Os portões foram abertos estrepitosamente. Soldados furiosos com lanças e chibatas empurraram os prisioneiros para o centro da arena. A gritaria infrene tomou conta da massa alucinada, que subitamente silenciou, quando eles se adentraram cantando um hino de exaltação a Jesus.

Em seguida, os animais selvagens foram atirados na sua direção e, a pouco e pouco, as patadas violentas e as dilacerações pelos dentes afiados foram despedaçando os corpos, que tremiam exangues na areia, colorindo-a do rubro fluido orgânico. Policarpo, a mulher e os filhinhos, formando um todo

Entre os dois mundos

em vigoroso abraço de sustentação moral, foram alcançados e despedaçados... Após as primeiras dores uma anestesia total tomou-lhes a consciência e pareceram adormecer, enquanto o espetáculo dantesco prosseguia...

Embora remanescesse débil claridade do sol poente no áspero verão de agosto, a noite avançava, deixando aparecer as primeiras estrelas faiscantes como olhos que observassem as inconcebíveis calamidades humanas.

...E quando a noite fez-se total, após o público insano ter abandonado o circo, as feras serem recolhidas, os corpos começaram a ser atirados sobre as carroças conduzidas por escravos embriagados, vestidos de faunos e portando comportamentos obscenos, de modo a prepararem o espaço para o dia seguinte e suas novas degradações, do Infinito incomparável diáfana luz desceu na direção da arena, servindo de passarela para uma coorte de seres angélicos que, entoando sublimes canções, aproximou-se do lugar do holocausto.

À frente, estava Jesus, nimbado de sidérea luminosidade, que recolheu Policarpo e família, enquanto os demais martirizados eram retirados dos últimos despojos pelos Seus embaixadores em clima de alegria e gratidão a Deus.

Despertando, e deslumbrando-se com o Mestre que o envolvia em claridades iridescentes, Policarpo abraçou-o, enquanto Ele confirmou: – *Amigo querido, já transpuseste a porta estreita. Agora vem com os teus para o meu Reino que te espera desde há muito!*

Novamente o sábio narrador silenciou, embargado pelas lágrimas, para depois, concluir:

– *Policarpo, depois daquela doação a Jesus, retornou à Terra diversas vezes, sempre quando o pensamento do Mestre sofria adulterações, sendo a sua última jornada na condição de seareiro do Espiritismo, nele restaurando a mensagem cristã que havia sido aviltada através dos tempos.*

É esse benfeitor, apóstolo do Evangelho, que nos honrará com a sua palavra dentro de alguns minutos. Não posso sopitar o anseio de ouvi-lo, de senti-lo próximo do coração e aprender com ele o exemplo da doação total, preparando-me para os futuros cometimentos.

Ainda hoje, quando não mais existe a arena romana, nem a crueldade dos imperadores criminosos, fascina-me o exemplo dos mártires, de todos aqueles que souberam renunciar à existência física, a fim de alcançarem o Reino dos Céus.

Pensando sobre o assunto, recordo-me, no entanto, de que a arena da atualidade é muito maior do que o Grande Circo, pois que se estende pela Terra inteira. As feras devoradoras já não são conduzidas das selvas, mas se encontram nas paisagens agrestes da alma de cada um de nós, ferindo-nos, levando-nos ao desfalecimento. Assim, penso que o nosso holocausto em nome da fé inicia-se na luta incessante contra as tendências infelizes, as paixões asselvajadas que ainda permanecem em nosso íntimo.

Naquele instante, chegamos ao imenso auditório, que se encontrava quase que totalmente lotado. A sua capacidade era para quatro mil espectadores. A psicosfera reinante era de contida alegria e de doces expectativas. Em todos os rostos brilhavam os olhos que expressavam as emoções em festa no mundo interior de cada qual.

Dirigimo-nos aos lugares que nos estavam reservados e permanecemos aguardando.

Podíamos notar a presença de muitos companheiros ainda mergulhados na experiência carnal, convidados que foram para o incomum acontecimento, assessorados pelos

Entre os dois mundos

seus mentores espirituais que os trouxeram, a fim de que retornassem ao corpo com a memória do evento e das lições que iriam ser oferecidas.

Aragens perfumadas espraiavam-se em todas as direções.

Música suave de exaltação à vida vibrava no espaço grandioso, alternada com vozes em coral infantil, que nos enternecia.

A claridade reinante chamava-nos a atenção, porque não provinha especialmente de quaisquer instrumentos específicos para produzi-la. Era como se todo o edifício fosse construído de substância luminosa irradiante, enquanto que, no local reservado aos visitantes e convidados especiais, tornava-se multicor em suaves tons que produziam bem-estar difícil de ser definido.

Somente o Amor de Deus pode oferecer-nos tão especiais oportunidades de iluminação e de felicidade além dos convencionais interesses transitórios do mundo físico. As aquisições que iríamos amealhar teriam sabor de eternidade.

O irmão José Petitinga mergulhara em meditação, enquanto o seu semblante se adornava de peregrina beleza, o que se podia observar em outros muitos Espíritos ali presentes, caracterizando os seus níveis de evolução.

Nenhuma bulha nem tumulto habituais em aglomerações de tal porte. Todos estávamos conscientes da responsabilidade imensa do momento e de quanto nos seria valioso aproveitar cada instante para insculpir definitivamente no coração e na mente a Mensagem de vida eterna que logo mais seria ministrada.

Desencarnados, e aguardando oportunidade para o retorno ao querido planeta, que nos serve de colo de mãe generoso, onde teremos ocasião de aplicar as inabordáveis contribuições do Mundo maior, estávamos conscientes do significado do momento e do seu valor para nosso aprimoramento pessoal intransferível.

Nesse momento, o responsável pela solenidade apresentou-se, convocando-nos a todos à recepção do visitante especial.

3

A MENSAGEM DE CONVOCAÇÃO

No clima de alta espiritualidade em que nos encontrávamos, fomos tomados de incontida alegria, quando assomou, da parte posterior do cenáculo deslumbrante, o venerando mensageiro.

Acompanhado por um grupo de Entidades de alta estirpe, colocaram-se à sua volta em semicírculo, enquanto ele, usando a tribuna, ressumando beleza e, visivelmente comovido, saudou-nos a todos, augurando-nos:

— *Eu vos desejo a paz incomparável de Jesus de Nazaré!*

A sua voz penetrou-nos a acústica do ser, e eu não saberia explicar se a escutara com os ouvidos atentos ou se a percebera com a mente vigilante.

Era doce sem ser melíflua, clara sem preocupação de uma dicção convencional, impregnando-nos de maneira inabitual.

Logo após, deu continuidade:

— *Vivemos, na Terra e nas Esferas espirituais que a circundam, o momento histórico aguardado por todos aqueles que estamos vinculados ao Consolador prometido por Jesus.*

Cumprindo a tarefa para a qual veio ao planeta – atualizar os ensinos do Mestre, repetir-Lhe as lições, dizer coisas novas que no Seu tempo não seriam compreendidas –, expande-se como formosa primavera de bênçãos após invernia calamitosa e antes do verão devastador.

Avançando com o ritmo do conhecimento nas mais diversas áreas, predispõe-se a enfrentar as rudes batalhas que se multiplicarão destruidoras.

Como se pode observar, a criatura humana aturde-se no torvelinho da matéria, em face da loucura que toma as massas e envilece os Espíritos.

Tresvariadas, a ética e a moral são substituídas por novos códigos de conduta, que se atêm ao gozo extenuante e ao prazer fugaz. Sucedem-se os volumosos caudais de existências arrebatadas pela ilusão, numa volúpia de imediatismo corporal, como se a vida estivesse apenas reduzida ao fenômeno orgânico.

Calou-se, por um momento, a fim de facultar--nos a absorção plena dos conceitos enunciados, dando prosseguimento:

– As doutrinas que se derivaram do pensamento do Mestre que viveu todos os ensinos que transmitiu, nas suas variadas denominações, comportam-se presas aos interesses das aparências e aos compromissos materiais, quase que indiferentes aos objetivos essenciais de iluminação das consciências, a que se destina a mensagem libertadora. O dinheiro exerce fascínio nos seus altares e palcos de exibição das misérias orgânicas, emocionais e espirituais dos seus fiéis, apresentando espetáculos esdrúxulos, de forma que atraiam desatentos e ansiosos pelo poder, pela solução dos problemas externos, sem respeito pela criatura humana em si mesma. Nenhuma

Entre os dois mundos

consideração demonstram pela miséria, distanciando-se da caridade e do amor aos infelizes, deles utilizando-se apenas para exibir as caricatas demonstrações milagreiras, sem sentido, nem finalidade...

Os templos religiosos da Terra encontram-se abarrotados de devotos aparentes, em negociações incessantes em favor do bezerro de ouro cultuado no século, deixando, à margem, a responsabilidade e o dever para consigo mesmo, para com o próximo e para com Deus, embora o Seu Nome seja enunciado a cada momento, numa atordoante competição com o de Satanás.

Um olvido proposital a respeito das graves problemáticas humanas abre espaço para a manutenção da frivolidade e do bem-estar existencial, sob o empenho do valioso patrimônio espiritual.

A intoxicação mental pelos vapores dos vícios arrasta milhões de incautos aos porões da angústia e da depressão, da ansiedade e da rebeldia, enquanto outros, alucinados, envolvem-se em crimes hediondos, legalizados pelas guerras oficiais, ou marginalizados pelas legislações igualmente incapazes de detê-los ou, pelo menos, de evitá-los.

Há uma sensação de horror na Terra, que sensibiliza os Céus...

Novamente silenciou, percorrendo o imenso auditório com os olhos brilhantes de emoção, dando continuidade:

– Pais, desolados ou enfurecidos, assassinam filhos toxicômanos ou estes trucidam genitores e familiares outros, consumidos pelos monstros da drogadição.

O sexo desvairado é o novo deus, o Moloc ressuscitado, que arrebata e consome ao som estridente das músicas primitivas e dos embalos furiosos, tornando os seus fanáticos vítimas de *si mesmos até quando se deixam devorar pela morte, obscura ou nos espetáculos aberrantes.*

Corpos bem delineados sob os impositivos da herança genética ou trabalhados por ginásticas severas, dietas rigorosas, anabolizantes e implementos artificiais em favor da estética, tornaram-se a nova religião, o seu culto, o altar da nova mentalidade, sob o terrível flagelo do medo da decadência, da degradação orgânica, das enfermidades inevitáveis e da velhice implacável. O esforço hercúleo para manter a juventude que se esfuma, desgasta as emoções que se comburem no extenuante anelo de preservá-la indefinidamente... Trata-se de verdadeiro transtorno psicológico, que pretende ignorar as inexoráveis Leis da Vida e dos fenômenos biológicos.

Vive-se, desse modo, o período excruciante da existência, numa sofreguidão desmedida na busca das alegrias e gozos dos sentidos que terminam por exaurir as reservas de forças e as resistências do organismo.

Um grande número desses aficionados do corpo e do prazer diz-se cristão, cataloga-se em diferentes grupos religiosos que se derivaram do Cristianismo primitivo, sem responsabilidade nem respeito pela fé que dizem esposar.

Seria de perguntar-se: que foi feito de Jesus? Em que contexto Ele se encontra inserido? Qual o significado da Sua Mensagem para esses equivocados?

Obreiros partem diariamente da Espiritualidade, comprometidos com a renovação da Humanidade e com a tarefa libertadora de vidas. Bem equipados, reencarnam sob vigilante e amorosa custódia dos seus guias espirituais, todavia, passado o período inicial do anonimato e das lutas necessárias, assim que se destacam no proscênio humano, entorpecem as lembranças e acompanham a caravana de desassisados, fugindo aos deveres assumidos e propondo esfuziantes alegria, prazer e... irresponsabilidade!

Momento muito grave é este que toma conta dos homens e das mulheres terrestres.

Em face da transição programada para o planeta, anunciando a Nova Era, vêm renascendo em corpos belos Espíritos primitivos que estiveram retidos por séculos em regiões de sofrimento, a fim de que não retardassem o progresso geral, para que, na atualidade, avancem e tenham chance de iluminar-se. Ao mesmo tempo, constituem prova para aqueloutros que se encontram em nível moral mais elevado que, desse modo, são convocados a ajudá-los no crescimento interior e no desenvolvimento dos valores adormecidos.

Nada obstante, estão impondo-se, repetindo as tribos de onde procedem, praticando o canibalismo, ferindo-se e adornando-se de objetos dilaceradores, de forma que demonstrem o primitivismo que neles vige, ao tempo em que se comprazem em chocar a cultura e os hábitos sadios que desconsideram, preferindo o descaso e o cinismo em que se demoram, em lamentável promiscuidade e desrespeito pela vida.

Com esse comportamento provocam o confronto entre o ético e o banal, o saudável e o sórdido, o promocional e o rebaixamento.

Dores acerbas são acumuladas, em consequência, sobre os próprios destinos que escrevem com insensatez e crueldade, ameaçando a sociedade com o caos em que se alegrariam mergulhar.

Apesar disso, o Mestre vigilante tem programada a renovação geral e, para tanto, espera que todos aqueles que O amamos, candidatemo-nos à ação edificante com objetivos socorristas, educativos, libertadores desses irmãos deambulantes no corpo físico.

A fim de que nosso esforço seja considerado e aceito por eles, torna-se-nos necessário repetir o período do martírio, por cuja demonstração de amor, à semelhança do que aconteceu no passado, possamos sensibilizá-los, arrancando-os da frieza emocional e da perversidade, despertando-os para a compreensão de outros valores mais significativos.

Como não mais existem as terríveis injunções políticas e religiosas do ontem, serão o sacrifício pessoal e a renúncia aos encantadores recursos da mentira e da fantasia, a compaixão e a paciência, a ação de misericórdia e a pulcra fraternidade, que os sensibilizarão, arrebatando-os do vazio existencial em que estorcegam para se deixarem preencher pelo amor, iniciando a recuperação moral.

De diferentes Esferas próximas do orbe terrestre, a cada momento, repetimos, mergulham nas sombras do mundo físico missionários da Ciência e da tecnologia, do pensamento e das artes, da fé religiosa e da caridade, a fim de modificarem a sociedade, instaurando, ainda nesse século, o período da beleza, da religiosidade, da cultura plenificadora, da harmonia. Entrementes, a fim de que logrem êxito no cometimento audacioso, aqueles que permanecermos em nossos núcleos de atividades espirituais, deveremos formar grupos de assistência e de apoio, auxiliando-os nos combates que travarão com os inimigos do progresso, reencarnados ou despidos da organização fisiológica.

Utilizando-me do proposital silêncio que se fez, percorri o auditório imenso com os olhos úmidos pelas lágrimas e constatei que todos ali éramos voluntários naturais para a delicada e gigantesca tarefa, qual seja a de cooperar

Entre os dois mundos

com os apóstolos do Evangelho, que deverão acender as luzes da felicidade na imensa noite terrestre.

Captando o pensamento geral de anuência, o nobre Policarpo adiu:

— *Quem ama Jesus não conhece barreiras impeditivas, ignora desafios perturbadores e está sempre a postos para servi-lO.*

Neste mesmo momento, em outras comunidades espirituais próximas, ouve-se idêntico apelo apresentado por antigos mártires da fé cristã, que se propõem retornar ao mundo físico, a fim de novamente imolar-se pelo Amor não amado.

Irmãos queridos: não hesitemos em amar, nem nos escusemos de servir. Os corações da Terra, que oram afervorados, rogando ao Pai pelo Seu amparo, necessitam de nós, convocados para o ministério da construção do Reino de Deus.

Ao primeiro ensejo serão organizadas equipes socorristas de emergência, aumentando os contingentes daqueles que já operam em nome de Deus sob a tutela de Jesus.

Escutai o coração e oferecei-vos aos novos holocaustos pela fé sublime que se sustenta nas bases da razão e do sentimento de amor.

Que Jesus nos abençoe as tentativas de servir e dê-nos Sua paz!

Ao calar-se, ergueu-se o coro de vozes angélicas e as dúlcidas melodias transformaram-se em vibrações de luz cambiante em cores diferentes, que se tornavam tônico revigorante penetrando-nos o Espírito.

O silêncio não foi interrompido, senão quando o mestre de cerimônias liberou-nos, facultando aos interessados acercar-se do *amigo de Jesus*.

4

COMENTÁRIOS E REFLEXÕES FELIZES

Eu não saberia definir se eram as ondas musicais que percorriam o recinto produzindo as variantes cores da luz suave, ou se eram as vibrações luminosas que se transformavam em música de beleza incomum.

A verdade é que aquele momento se tornaria inolvidável para mim, em razão das inebriantes harmonias que percorriam o ar, impregnando-nos profundamente.

Acercando-nos do venerando Policarpo, Petitinga e eu, não conseguíamos controlar a crescente emoção de júbilos que nos dominava.

Pela primeira vez eu poderia contatar diretamente com um emissário de Jesus, que se notabilizara pela elevação moral e pela excelência da sabedoria de que era portador.

Como nós outros, muitos participantes do ágape espiritual acercaram-se do mensageiro e da coorte que o assessorava, em doce clima de afeto e de imenso respeito.

Não formávamos uma fila convencional, no entanto, em pequenos grupos nos aproximávamos, enquanto ele, com os lábios levemente entreabertos, num suave sorriso, recebia-nos a todos, respondendo as perguntas, aditando esclarecimentos, oferecendo a oportunidade de convivência pessoal que nos elevava ao seu nível superior.

Indescritível a emoção da ascese, diminuindo as cargas opressoras que nos detêm na retaguarda do processo da evolução!

Quando nos foi facultado o momento, antes, porém, de lhe direcionarmos a palavra, porque penetrasse em nosso mundo íntimo e nos conhecesse em realidade, surpreendeu-nos, abordando-nos, com gentileza:

— Tenho conhecimento das incursões que os irmãos Petitinga e Miranda realizam com periodicidade ao amado orbe terrestre, objetivando auxiliar os que se perderam nas sombras da ilusão, distantes do dever e intoxicados pelas paixões asselvajadas.

Igualmente, estou ciente do valioso trabalho que realizam enviando de nossa Esfera notícias frequentes aos deambulantes do globo físico, relatando essas experiências, a fim de que se conscientizem das responsabilidades que lhes dizem respeito e compreendam a urgência que se lhes impõe em torno da própria transformação moral.

Na pauta de nossa programação, apenas há espaço para cooperadores experientes, considerando-se a gravidade dos cometimentos estabelecidos, que têm normativas específicas e inadiáveis. Aqueles que se apresentarem voluntariamente e forem selecionados para essas atividades, estarão enfrentando desafios e dificuldades pouco comuns, envoltos em sombras densas, não obstante a proteção dos Céus. Como é digno o trabalhador do seu salário, não lhes faltarão vigor nem inspiração para todos os momentos. No entanto, o êxito do empreendimento muito dependerá de como o obreiro se comporte, considerando-se a delicadeza e a austeridade da ação.

Entre os dois mundos

Aturdidos quase, pelo inusitado das informações espontâneas, e surpreendidos por havermos sido identificados e conhecidos pelo mártir, permanecemos perplexos, enquanto ele prosseguiu, impertérrito:

— *O martírio, por amor a Jesus, é impositivo do momento, conforme acentuamos, há pouco, porém com características diversas daquele que fertilizou a história do Cristianismo nascente. Os mártires do passado ofereciam a existência física para demonstrar a fé na Imortalidade, desprezando as ofertas do mundo transitório que trocavam pelas dadivosas concessões do Reino dos Céus com verdadeiro júbilo estampado na face, fortalecidos na decisão... Apesar da sua grandiloquência, é muito fácil morrer em um momento, sem dores prolongadas nem expectativas angustiantes. Hoje, permanecem os mesmos propósitos, no entanto, os apóstolos do bem deverão viver largos anos, a fim de cuidar das vidas que lhes são confiadas sob chuvas de amarguras e pedradas de ingratidão. Ao mesmo tempo, vicejam as facilidades de corrupção, de prazer doentio e fascinante, convidando à deserção, o que sempre constitui desafio para a difícil vitória. Nessa luta, o compromisso negativo estará disfarçado de sensatez e a alegria se misturará à algazarra e à vulgaridade da conduta leviana. Serão necessários muito discernimento na eleição da conduta a ser mantida e grande valor moral para manter-se feliz sem os tóxicos da mentira ou do engodo...*

Quando se encerrarem estas atividades, o irmão Crescêncio estará aguardando os voluntários, a fim de os recrutar e unir em tarefas que deverão atender junto aos trabalhadores de Jesus, que se encontram sitiados pelas rudes circunstâncias no mundo material. Eles não podem prescindir do convívio psíquico das altas Esferas nem dos seus mensageiros, que os estarão animando e inspirando o melhor comportamento a ser mantido, de forma que preservem os compromissos abraçados.

Sabendo-os voluntários pela mente e pelo coração, aceitamos a sua oferta de amor, encaminhando-os ao responsável pela seleção dos candidatos.

Rogo ao Mestre sublime que os ampare e proteja na tarefa de autoiluminação mediante a autoentrega.

Tocando-nos a testa com suavidade, como se nos apusesse o selo da mansidão do Cristo, sentimo-nos visitados por indefinível energia de paz e de bem-estar, como jamais nós ambos fôramos aquinhoados em qualquer época de nossas vidas.

Desejei prosternar-me e beijar-lhe os pés em atitude de respeito e de gratidão, mas não me atrevi. Não havia, na sua figura venerável, nada que nos permitisse arroubos, em face da harmonia inefável que dele se irradiava, impregnando todos aqueles que se lhe acercavam.

A minha imperfeita maneira de amar desejava expressar a profundidade e a grandeza das impressões que me dominavam, como usualmente fazia na Terra e na colônia onde resido.

Dei-me conta, no entanto, que ele o sabia, sem qualquer necessidade de demonstração externa.

O seu olhar, o seu toque, permaneceriam indeléveis, inolvidáveis em nossos Espíritos.

Afastamo-nos, retornando aos nossos lugares, quase que flutuando no ar, e acompanhamos, inebriados pela beleza das circunstâncias, o suceder de Espíritos dedicados, ansiando pela oportunidade de se entregarem ao bem.

Horas depois, encerrou-se a solenidade, e quando os visitantes abençoados deixaram o auditório, desaparecendo

Entre os dois mundos

por onde se haviam adentrado, ainda tomados pela gratidão a Deus, afastamo-nos em reflexões profundas, silenciosamente na direção do nosso lar.

No dia imediato, fomos em busca do irmão Crescêncio que, em nossa comunidade, administrava as caravanas de viajores que se destinavam à Terra em serviços especiais. Noutras oportunidades, houvéramos estado com ele, embora ligeiramente...

Soubemos, na ocasião, que outros nobres Espíritos haviam sido convocados para o labor de seleção de candidatos, em face da necessidade que dizia respeito ao expressivo número de caravanas a serem organizadas e enviadas ao orbe terrestre.

Quando fomos atendidos pelo experiente obreiro da caridade, ele minudenciou-nos o plano, explicando-nos com simplicidade:

— *Cada grupo será formado por cinco servidores que estão capacitados pela vivência do amor para atender aos misteres que lhes dirão respeito. Evidentemente, que as atividades exigirão vigilância e dedicação, em face das armadilhas das trevas, igualmente laboriosas e, sem dúvida, perversas.*

Tendo conhecimento de que os irmãos amigos são afeiçoados ao atendimento às perturbações de natureza obsessiva em suas múltiplas faces, reservamos para ambos serviços nesse campo, no qual outras equipes também atenderão, porém, cada qual, com definidos compromissos, sem interferência de ações umas nas outras.

Descer à Terra, nestes momentos, é como mergulhar em densa neblina com dificuldade de avaliar os contornos que aparecem quando se está numa paisagem desconhecida. A densidade de vibrações grosseiras que predominam em algumas *partes do globo onde teremos que proporcionar luz, pode gerar confusão e traumatismo emocional, ao lado das multidões espirituais enfermas que nelas se movimentam, nutrindo-se dos fluidos deletérios acumulados...* Exteriorizados pelas mentes encarnadas e reabsorvidos, alguns indivíduos são vítimas de si mesmos, graças aos pensamentos e comportamentos que se permitem, enquanto outros se intoxicam no ambiente pestífero em que se alojam psiquicamente, vitimados por sequazes da mesma espécie evolutiva, em obsessões inomináveis. Todos, porém, dominados pelo intercâmbio de pensamentos perturbadores que obnubilam a razão e impedem o claro discernimento em torno dos valores humanos.*

Será, portanto, nesse clima mental e emocional, que iremos colocar as balizas do amor e acender claridades que dissipem as sombras dominadoras, abrindo brechas emocionais que facultem o despertamento.

Desnecessário exaltar a responsabilidade de cada obreiro e o desafio para a execução da sua tarefa. Haverá envolvimentos pessoais, reencontros com almas queridas, surpresas na constatação de ocorrências delicadas quão afligentes, descerrando algumas cortinas que velam e dificultam a compreensão dos acontecimentos.

Acima de tudo, porém, Jesus permanece atento e inspirando os Seus servidores, envolvendo-os em ternura e compaixão, em misericórdia e amor. Não temam, pois, prosseguindo valorosos!

Depois de estimular-nos com palavras de alento e reconforto moral, encaminhou-nos ao responsável pela realização, que também conhecíamos através de referências que nos chegavam em torno do seu ministério de abnegação.

Entre os dois mundos

Tratava-se do Dr. Arquimedes Almeida, que fora, quando na última existência física, abnegado médico psiquiatra, no Brasil, e que se dedicara ao cuidadoso trabalho de identificar as psicopatologias mentais e obsessivas.

Fora a sua uma das poucas vozes que se levantaram para discordar do tratamento cirúrgico para a esquizofrenia e a paranoia, através da lobotomia pré-frontal, proposta e realizada mediante o seccionamento das conexões entre as partes frontais do cérebro e o resto do encéfalo, pelo eminente neurologista português Dr. Egas Moniz, que, objetivando acalmar os pacientes violentos, considerados irrecuperáveis, terminava por robotizá-los, tornando-os incapazes de pensar e de agir com discernimento. Por essa audaciosa descoberta recebeu, juntamente com Walter Rudolf Hess, o Prêmio Nobel de Fisiologia e de Medicina.

Era, portanto, muita coragem discrepar de tão respeitado cientista, desenvolvendo a tese de que, tanto a esquizofrenia como a paranoia podiam ser tratadas por medicamentos químicos e outras terapias, sem a necessidade cirúrgica, afirmando que as suas causas encontravam-se no Espírito e não no cérebro, embora este apresentasse os fatores que geravam os gravíssimos transtornos mentais.

Havendo adotado a visão espírita, a respeito das alienações mentais, conhecimentos que haurira no estudo do Espiritismo, apoiou as notáveis contribuições do psiquiatra norte-americano Dr. Carl Wickland, da Faculdade de Medicina de Chicago, realizadas em seu consultório e, posteriormente, no seu Instituto Nacional de Psicologia, em Los Angeles (CA).

O Dr. Wickland houvera sido corajoso pioneiro da psicoterapia através do esclarecimento do agente desencarnado que perturbava os pacientes humanos e que se incorporava, invariavelmente, em sua esposa.

Antes dele, porém, no Brasil, o emérito Dr. Adolfo Bezerra de Menezes Cavalcanti já houvera demonstrado a interferência perniciosa dos desencarnados em aflição na conduta humana, gerando psicopatologias muito graves e publicara excelente obra a esse respeito muito antes do psiquiatra americano do norte tê-lo realizado.[3]

Enquanto repassava mentalmente a saga do Dr. Wickland, recordava-me que, mesmo ele, não ficara indene à mistificação de Espíritos que se apresentavam com nomes respeitáveis, informando estar de retorno do Além-túmulo para corrigir informações que haviam deixado como legítimas, especialmente a respeito da reencarnação...

Naquela ocasião, e trabalhando sem o conhecimento do Espiritismo, o preclaro investigador não cuidou de separar os diversos fenômenos do animismo, do *personismo* e do mediunismo puro, havendo sido iludido com revelações equivocadas, em torno de questão que conflitava com a crença da médium a respeito das vidas sucessivas, ao mesmo tempo abrindo espaço para a incursão de algumas Entidades levianas e enganadoras.

Isto, porém, em nada diminui a grandiosidade do seu pioneirismo, do seu trabalho valioso a respeito da obsessão, das suas causas e dos tratamentos correspondentes.

Volvia mentalmente às recomendações do codificador da Doutrina Espírita, a respeito da universalidade do ensino ministrado pelos Espíritos, que deve ocorrer simultaneamente em diferentes pontos da Terra através de médiuns

---

3. *A loucura sob novo prisma*, editado pela Federação Espírita Brasileira (nota do autor espiritual).

Entre os dois mundos

sérios e ministrado por Entidades igualmente sérias. Assim, evita-se a aceitação de opiniões pessoais e de preconceitos que são mantidos além da morte, conforme as crenças e condutas religiosas dos desencarnados. Morrer não é fenômeno de sublimação, mas de transferência de uma para outra faixa vibratória da vida, cada qual despertando conforme adormeceu...

Trabalhando-se isoladamente, pesquisando-se a sós, sem os equipamentos da Codificação Espírita, pode-se ser vítima de enganos graves, mesmo quando se está forrado pelas melhores intenções.

À medida que mergulhava a mente nas reflexões, dirigindo-nos ao local em que se encontrava o nosso futuro condutor, percebi que o amigo Petitinga igualmente se encontrava silencioso, meditando a respeito da tarefa que seria empreendida bem como da grandeza das lições do Espiritismo, que abrem espaços mentais e emocionais para o entendimento da vida sob quaisquer aspectos que se possam considerar.

Nesse ínterim, alcançamos o recinto onde o Dr. Arquimedes recebia carinhosamente os candidatos ao empreendimento libertador.

5

PREPARATIVOS INDISPENSÁVEIS

Apresentamo-nos ao nobre tarefeiro que nos recebeu com afeto e discrição. Na oportunidade, já se encontrava presente um dos companheiros que iria constituir o grupo sob sua direção. Fomos convidados a aguardar o outro, a fim de que fôssemos apresentados, trocando impressões e intercambiando interesses, o que sucedeu em breve tempo.

Após essa preliminar ocorrência de natureza social e fraternal, o gentil psiquiatra levou-nos a outra sala, no mesmo edifício, passando a entretecer considerações em torno do empreendimento programado:

— *Conforme os amigos já estão esclarecidos, a respeito do objetivo da nossa excursão de fraternal socorro, teremos uma base central para as atividades, que está sendo concluída com equipamentos que nos manterão em contínuo contato com a nossa Esfera de procedência.*

Foi eleita uma região à beira-mar, no ponto mais oriental do Brasil e do continente sul-americano, a fim de que pudéssemos usufruir das benesses do oceano, aspirando as energias vivas que dele se espraiam. Trata-se de um acampamento nos moldes conhecidos na Terra, de onde partirão as caravanas em tarefas pelo território nacional e onde se reencontrarão após o desempenho dos deveres. Outrossim, nos lugares onde deverão operar, haverá outros núcleos de apoio e refazimento, de forma que não sejam gastas forças desnecessariamente com locomoção ou atendimento de urgência.

Dispensável dizer que o ministério socorrista está sendo levado a efeito em diferentes nações da Terra, porquanto a finalidade é a de construir a harmonia entre as criaturas em particular e os povos em geral, atendendo-se aos específicos delineamentos religiosos de cada qual, bem como às suas culturas e idiossincrasias. O Amor de Deus não tem partidarismos nem preferências nacionais, estendendo-se a todos aqueles que criou em igualdade de condições. Cada um beneficiado, porém, recolhe a quota que lhe diz respeito com maior ou menor capacidade de assimilação e de necessidade.

Já temos o esboço do roteiro que deveremos percorrer, dedicando-nos particularmente aos atendimentos de obsessões e equivalentes transtornos emocionais e comportamentais, que se apresentem nos servidores do Evangelho, igualmente socorrendo aqueles que se lhes vinculem, a fim de que disponham da necessária paz, quando por ela optarem, a benefício de si mesmos e das obrigações elegidas.

Como não ignoramos, os transtornos depressivos e do pânico assolam com índices terríveis de incidência, ao lado dos desvarios sexuais e da toxicomania, da violência e da degradação dos costumes, das ambições desmedidas e das paixões asselvajadas, impondo-nos cuidados especiais no trato com as suas vítimas. Nem todos aqueles que se enredam nessas tramas danosas parecem dispostos a libertar-se, reagindo, muitas vezes, com violência e rebeldia. Em ocasiões outras, amolentados pelo *vício, deixam-se arrastar pelas vigorosas redes da dependência. Em todos eles encontramos graves processos obsessivos, nos quais Espíritos enfermos locupletam-se, aspirando-lhes e usurpando-lhes as energias, levando-os à exaustão de forças. Ocorrências outras também têm lugar, por indução desses parasitas espirituais que se homiziam nas usinas mentais de pessoas ociosas ou destituídas de princípios morais, de valores espirituais, para desencadearem o mecanismo perturbador, a fim de que sejam atendidos nos hábitos mórbidos que transferiram da Terra para o Além. Ainda podemos anotar outra classe de ocorrência, que é aquela que deflui da vingança do desencarnado ao encontrar aquele que o houvera infelicitado e, destituído de sentimentos dignos, compraz-se no desforço, empurrando-o para o calabouço da viciação.*

Certamente, alguns dos obreiros do Evangelho, que se candidataram à renovação pessoal e à do planeta, são endividados em relação à vida, portanto, acessíveis aos seus inimigos, em situação de perigo pela carga emocional que conduzem vinculada aos desajustes de conduta, correndo risco de comprometer-se novamente, o que lhes significará prejuízo de alta monta, pela perda da oportunidade especial de que desfrutam.

O sábio mentor reflexionou em silêncio, repassando experiências que trouxera da Terra ao lado daqueloutras vivenciadas fora do corpo somático, e concluiu:

— *Não podemos desconsiderar o adversário comum, que se oculta no coletivo* trevas ou forças do mal. *Esses nossos irmãos desvairados, que perderam totalmente o senso de equilíbrio, por mais incrível que nos pareça, pretendem instaurar o seu reino de disparates entre os seres humanos, por neles encontrarem receptividade e sintonia moral, acreditando que a sua será uma vitória incontestável contra o bem, representado por Jesus Cristo, nosso Mestre, em nome do Pai Criador...*

Insistem nas suas posturas absurdas, deixando-se conduzir por mentes perigosas que, na Terra, exerceram domínio sobre as multidões e se transferiram para o Além-túmulo com altíssimas cargas de ódio e incompreensível sede de vingança, reconstruindo os seus impérios de alucinação, nos quais milhares de comparsas sob seu domínio obedecem às suas imposições cruéis. Supõem-se invencíveis, desafiando a ordem e o equilíbrio que jazem em toda parte, ampliando as inomináveis conquistas mediante o arrebanhamento de vítimas que se lhes entregam com relativa facilidade.

O seu desatino é tão grande, que interferem no destino das nações, quando encontram chefes de Estado do mesmo nível evolutivo, deles utilizando-se para castigar a Humanidade. Se esses indivíduos, que passam a comandar psiquicamente, são religiosos, inspiram-lhes ódios terríveis contra os demais, que não privam da sua crença, tornando-os asselvajados, ao mesmo tempo, induzindo-os à crença de que são emissários de Deus, que deverão libertar a sociedade da tirania dos outros, do Demônio, que é sempre aquele a quem elegem como adversário...

Ei-los fomentando guerras sempre perversas, hediondas e injustificáveis, movimentos revolucionários, nos quais exaurem os cofres do mundo para manterem o crime, abandonando os ideais que apresentam de início sob o disfarce de libertação das massas, para se tornarem piores do que aqueles contra os quais desenvolvem as lutas...

É muito grave a situação do homem e da mulher no planeta terrestre que tanto amamos. Todo o nosso empenho e a nossa dedicação significam devolução de parte do muito que temos recebido desse generoso colo de mãe que nos tem acolhido e albergado em nosso curso de aprimoramento espiritual. Comprometidos com o Mestre Todo Amor, daremos continuidade ao ministério que se vem alargando no mundo, graças ao qual Espíritos missionários e apóstolos da verdade, da dedicação, da renúncia, não tergiversam em investir a própria existência, doando-a em holocausto, a fim de diminuir a grande noite e ensejar o amanhecer de novo dia.

Quando silenciou, tinha lágrimas que brilhavam na comporta dos olhos.

De nossa parte, estávamos de pleno acordo com as suas expressões, e também tínhamos emoção abundante que se exteriorizava em gotas cristalinas a se derramarem pela face.

Diminuído o impacto, ele propôs-nos e ao grupo silencioso, totalmente envolvido pela sua exposição:

– *Hoje, às 20h, seguiremos ao nosso acampamento, ponto de início das atividades em delineamento para o futuro.*

Que o Senhor nos abençoe e que sigamos em paz, reabastecendo o ânimo, a fim de iniciarmos o novo compromisso com Jesus!

Volvemos, Petitinga e eu, ao nosso domicílio, e demos prosseguimento aos deveres habituais, procurando organizar-nos interiormente para a excursão, cujo período de duração ainda não tínhamos conhecido. Entrementes, compromissos que vínhamos atendendo, poderiam ser transferidos a outros trabalhadores da nossa comunidade, sem qualquer prejuízo, ensejando-lhes mais oportunidades de realizações edificantes.

Num dos intervalos de que dispusemos, Petitinga, com a sua habitual serenidade, informou-me:

– *Sempre imaginei, enquanto me encontrava no corpo, que as atividades espirituais deveriam ser relevantes e muito complexas fora da nossa percepção. Despercebido pelos encarnados, o Mundo das causas é pulsante e rico de movimentos que se desdobram na crosta terrestre, a fim de facultarem o progresso espiritual das criaturas. Tomamos conhecimento das ocorrências apenas em sua face externa, efeito que são de ações que têm lugar na Erraticidade. Jamais poderia, porém, conceber que fossem tão expressivas e laboriosas as programações que têm por meta o planeta querido e os seus habitantes.*

Depois de pausa natural, continuou:

– *Como são pobres os conceitos religiosos a respeito da estagnação da vida no Além-túmulo, graças a concepções passadistas e cômodas, em torno do repouso eterno, do adormecimento da consciência até o momento do Juízo Final, da obra universal acabada, negando as contínuas revoluções das galáxias, o seu surgimento e o seu desaparecimento, conforme tão bem demonstrados pela Astrofísica!*

Essas informações, carentes de lógica e de legitimidade, diminuem a grandeza do Criador e minimizam a destinação inabordável que está reservada ao Espírito imortal. A nossa percepção, mesmo na condição de desencarnados, é mínima, ante a majestade da vida em intérmina movimentação. A nossa Esfera, condensada por energia específica, ainda guarda as construções mentais dos seus fundadores, que se aproximam demasiadamente do que conhecemos no orbe terrestre, que são, assim mesmo, uma cópia ainda imperfeita do que temos aqui, de como aqui vivemos.

Confirma-nos o raciocínio este intercâmbio constante com os seres humanos, ajudando-os a fixar os valores da virtude, do trabalho, da renovação interior, sem cujo suporte

Entre os dois mundos

muito mais difícil lhes seria a libertação dos vínculos com a retaguarda.

Sensibiliza-me enormemente constatar o Amor de Nosso Pai em relação às Suas criaturas, propiciando-lhes incessante ajuda, embora a ignorem aqueles que se lhes fazem beneficiários. O importante, portanto, não é tomar-se conhecimento do que se recebe ou de como se é socorrido, mas sim beneficiar-se dessa valiosa contribuição, motivando-se para o porvir iluminado à frente.

Sempre que contemplo a vida, em qualquer expressão que se me manifeste, interrogo: onde estão o decantado repouso bíblico, a perfeição do acabamento da obra, o eterno castigo, ou a graça com que são destacados apenas alguns poucos Espíritos?! Presentes em tudo estão a ordem, o equilíbrio, mas também a ação ininterrupta, as transformações contínuas, a ascensão individual e coletiva dos seres e dos mundos...

Tudo isso é tão fascinante que me arrebata, constituindo-me razão para prosseguir buscando o aprimoramento das faculdades mentais, morais e das aspirações espirituais. O amor empolga-me, e a dimensão em que o sinto surpreende-me, em razão de apresentar-se totalmente diverso e muitíssimo mais além dos limites em que se exteriorizava na organização fisiológica. O desejo de voar na direção da Plenitude enleva-me, e entrego-me a Deus, n'Ele confiando e buscando a sabedoria da iluminação. Não hesitaria em oferecer a futura existência corporal em holocausto por Jesus e pela Sua Doutrina, pois que reconheço o pouco de que disponho e o muito que me falta!

O rosto do amigo resplandecia em decorrência da claridade interior em natural expansão. Era a face do êxtase da alma em perfeita sintonia com o Criador e a Criação.

Mergulhado em silêncio, única voz que falaria tudo quanto não saberia expressar, segurei a destra do benfeitor e osculei-a com ternura, enquanto ele permanecia entregue à bem-aventurança do momento.

6

O ACAMPAMENTO ESPIRITUAL

À hora convencionada, os quatro convocados para o novo ministério fraternal de assistência estávamos reunidos para a viagem ao orbe terrestre.

O Dr. Arquimedes Almeida aproximou-se do grupo e, com a sua jovialidade e encanto naturais, solicitou-nos recolhimento íntimo e uma oração silenciosa em favor do empreendimento de alta significação.

Logo depois, concentrou-se fortemente e começou a irradiar uma energia especial, que se tornou visível, passando a envolver-nos em um globo protetor, que se transformou em um campo vibratório, unindo-nos a todos e fazendo-nos flutuar em pleno ar sob a sua ação mental.

Utilizando-se da vontade bem-direcionada, movimentou a esfera luminosa, que volitou, arrastando-nos velozmente pelo espaço na direção do objetivo assinalado.

As sombras que envolviam o planeta, dando-lhe um aspecto quase sinistro, a distância, tornavam-se mais densas, à medida que nos acercávamos, por pouco não nos impedindo a visão das lâmpadas fortes que adornavam a noite terrestre.

Em circunspecção, avançamos no rumo do ponto oriental extremo do continente sul-americano e logo estávamos pousando em uma área ampla, onde se erguia o acampamento que nos hospedaria durante o período em que estivéssemos envolvidos com o programa libertador.

A movimentação de Espíritos desencarnados era muito grande. Operários e engenheiros especializados desincumbiam-se de suas tarefas, e dava-me conta do esforço que fora desenvolvido, a fim de criar a infraestrutura para o desenvolvimento dos trabalhos que logo mais teriam lugar.

Observei os pavilhões que se distendiam em filas ordeiras, como ocorre com aqueles que albergam militares durante os seus exercícios fora dos quartéis. Eram construídos por uma substância semelhante ao plástico em tonalidade pérola, de forma que refletissem a claridade das estrelas e da Lua, que chegava debilmente, assim melhorando a paisagem. Haviam sido providenciados equipamentos próprios que forneciam iluminação e beleza por toda parte, tornando encantadora a região abençoada que deveríamos preservar e melhorar através da nossa contribuição mental de amor e de cuidados generalizados.

O oceano golpeava as rochas de um lado, enquanto do outro a renda alva de espumas era absorvida pelas praias serenas ornadas de palmeiras esguias e de vegetação rasteira que se alongava até parte da mata atlântica...

O casario citadino ficava a regular distância, encontrando-se separado das nossas construções.

Observara atentamente que muitos grupos desceram ao planeta ao mesmo tempo, obedecendo a uma ordem

Entre os dois mundos

estatuída anteriormente, deixando traços de luz no espaço percorrido.

O prestimoso guia, a seguir, conduziu-nos a um dos pavilhões de aspecto muito agradável, que serviria de base para os nossos encontros e apresentou-nos o território que nos fora reservado. Ali receberíamos instruções, teríamos oportunidade de manter diálogos com os demais companheiros, se fosse o caso, espaço para meditações e repouso, fruindo as bênçãos da psicosfera ambiental, preparada com especial cuidado por verdadeiros especialistas em geração de clima psíquico.

Respirávamos, desse modo, uma atmosfera de paz, de forma que os miasmas que permaneciam no ar não nos afetavam, produzindo-nos intoxicações fluídicas.

A brisa, que soprava do oceano, trazia-nos alimento especial em forma de vibrações refazentes, que aspirávamos com alegria, fortalecendo-nos interiormente.

Depois de algumas instruções bem delineadas, fomos informados de que o tempo de serviço nessa etapa inicial seria de um mês aproximadamente, mediando entre as festividades de verão no país e a chegada da Quaresma, abrangendo o período do Carnaval.

Seria, nesse período, que nos movimentaríamos atendendo ao dever para o qual nos preparáramos.

Em face dos desconcertos emocionais que os exageros festivos produzem nas criaturas menos cautelosas, há uma verdadeira infestação espiritual perturbadora da sociedade terrestre, quando legiões de Espíritos infelizes, ociosos e perversos, são atraídas e sincronizam com as mentes desarvoradas. Nesse período, instalam-se lamentáveis obsessões coletivas que entorpecem multidões, dizimam existências, alucinam valiosos indivíduos que se vinculavam a formosos projetos dignificadores.

A seguir, convocou-nos a visitar uma das capitais brasileiras próxima, na qual a explosão da alegria popular, num denominado festival de verão, era ampliada pelo abuso do álcool, das drogas e do sexo desvairado.

Imediatamente, vimo-nos em movimentada artéria praiana, feericamente adornada, na qual centenas de milhares de pessoas entregavam-se ao desbordar das paixões.

A música ensurdecedora atordoava a massa informe, compacta e suarenta que se agitava ao ritmo alucinante, enquanto era estimulada por especialistas na técnica de agitação popular.

Acurando a vista, podia perceber que, não obstante a iluminação forte, pairava uma nuvem espessa aonde se agitava outra multidão, porém, de desencarnados, mesclando-se com as criaturas terrestres de tal forma permeada, que se tornaria difícil estabelecer fronteiras delimitadoras entre uma e outra faixa de convivência.

A nudez predominava em toda parte, os movimentos eróticos e sensuais dos corpos com abundante transpiração exsudavam o forte cheiro das drogas ingeridas ou injetadas, produzindo estranho quanto desagradável odor às nossas percepções.

No pandemônio natural que se fazia, esses Espíritos, perversos uns, exploradores outros, vampirizadores em número expressivo, exploravam os seus dependentes psíquicos em lamentável promiscuidade, submetendo-os a situações deploráveis e a prazeres grosseiros que nos chocavam, apesar da nossa larga experiência em relação a conúbios dessa ordem...

Entre os dois mundos

Eu imaginava como é possível que o ser humano destes formosos dias de cultura, de ciência e de tecnologia, permitiam-se tantas sensações selvagens e irresponsáveis!

O desfile parecia não ter fim, sempre aturdido pelos conjuntos musicais de textura primitiva, que os hipnotizavam, impedindo o discernimento. Era compreensível que se permitissem todos os tipos de lascívia e de perversão, já que a multidão era um corpo informe, no qual as pessoas não dispunham de espaço para a livre movimentação, ensejando a confusão dos sentidos e a mescla absurda dos atritos físicos.

Tratava-se, porém, do culto à deusa Folia, numa enxurrada física e psíquica das mais vulgares e pervertidas, em cujo prazer todos se entregavam ao olvido da responsabilidade, ao afogamento das mágoas e à liberação das paixões primitivas.

Jovens e adultos pareciam haver perdido o direcionamento da razão, deixando-se enlouquecer pelo gozo exagerado, como se tudo ficasse centralizado naquele momento e nada mais houvesse após.

Criminosos de várias classes misturavam-se aos foliões esfuziantes e tentavam furtá-los, roubá-los, agredindo-os com armas brancas, ao tempo em que psicopatas perversos utilizavam-se da confusão para darem largas aos distúrbios que os assinalavam.

Altercações e brigas violentas, que culminavam em homicídios infelizes, misturavam-se aos disparates da festa que não cessava, porque, naquela conjuntura, a vida era destituída de significado e de valor.

Não saíra da perplexidade em que me encontrava, quando o irmão Petitinga veio em meu auxílio, comentando:

– Passada a onda de embriaguez dos sentidos, os rescaldos da festa se apresentarão nos corpos cansados, nas mentes intoxicadas, nas emoções desgovernadas e os indivíduos despertarão com imensa dificuldade para adaptar-se à vida normal, às convenções éticas, necessitando prosseguir na mesma bacanal até a consumpção das energias.

Amolentados pelas extravagâncias, saudosos da luxúria desmedida e ansiosos por novos acepipes, tentarão transformar todas as horas da existência no delírio a que ora se entregam... Tentarão investir todos os esforços para que se repitam os exageros, e porque as loucuras coletivas fazem-se com certa periodicidade e eles dependem desse ópio para esquecer-se de si mesmos, passam a viver exclusivamente o dia a dia do desequilíbrio em pequenos grupos, nos barezinhos, nos guetos e lugares promíscuos, nos subterrâneos do vício onde se desidentificam com a vida, com o tempo e com o dever.

Tornando insuportável a situação de cada uma dessas vítimas voluntárias do sofrimento futuro, os parasitas espirituais que se lhes acoplam, os obsessores que os dominam, explorando suas energias, atiram-nos aos abismos da luxúria cada vez mais desgastante, do aviltamento moral, da violência, a fim de mantê-los no clima próprio, que lhes permite a exploração até a exaustão de todas as forças.

É muito difícil, no momento, estancar-se a onda crescente da sensualidade, do erotismo, da depravação nas paisagens terrenas, especialmente em determinados países. Isto, porque as autoridades que governam algumas cidades e nações, com as exceções compreensíveis, estão mais preocupadas com a conquista de eleitores para os iludir, do que interessadas na sua educação. A educação, que liberta da ignorância, desperta para o dever e a conscientização das massas, não sendo de valor para esses

Entre os dois mundos

governantes, porque se o povo fosse esclarecido os desapeava do poder de que desfrutam, em face da claridade mental e do discernimento. Reservam então altas verbas para serem aplicadas no desperdício moral, disfarçando as doações sob a justificativa de que se trata de utilização para o lazer e a recreação, quando estes são opostos aos exageros dos sentidos físicos.

Mais recentemente, foram encontradas outras explicações para a legalização das bacanais públicas, sob os holofotes poderosos da mídia, como sejam as do turismo, que deixa lucros nas cidades pervertidas e cansadas de luxúria. É certo que atraem os turistas, alguns para observar os estranhos comportamentos das massas, que têm em conta de subdesenvolvidas, de atrasadas, de primitivas, permanecendo em camarotes de luxo, como os antigos romanos contemplando as arenas festivas, nas quais os assassinatos legais misturavam-se às danças, às lutas de gladiadores e ao teatro fescenino... Outros, para atenderem aos próprios tormentos, malcontidos, que podem ser liberados com total permissão, durante os festejos incomuns. E outros, porque necessitam de carnes novas para o comércio sexual, especialmente se está recheado de crianças vendidas por exploradores hábeis e pais infelizes.

Por outro lado, os veículos de informação de massa exaltam o corpo, fomentam as paixões sensoriais, induzindo as novas gerações e os adultos frustrados ao deboche, ao fetiche das sensações, transformando a sociedade em um grande lupanar.

Não é do meu feitio entretecer considerações que possam tornar-se críticas destrutivas, mas havemos de convir que, sobreviventes que somos da morte, não podemos deixar de considerar que os enganados foliões de hoje serão os desencarnados tristes de amanhã, queiramos ou não, sendo de lamentar-se a situação na qual despertarão após a perda do veículo orgânico.

Só a educação, em outras bases, quando a ética e a moral renascerem no organismo social, irá demonstrar que para ser feliz e para recrear-se, não se torna imperioso o vilipêndio do ser, nem a sua desintegração num dia, esquecendo-se da sua eternidade.

Nesse comenos, o nosso condutor convidou-nos para a primeira tarefa que se iniciaria naquela cidade mesmo, embora o som terrível e flagelador da música agressiva e da algazarra dos seus aficionados.

– Sigamos à residência de um dos nossos amigos – convidou-nos *–, que trouxe a tarefa de restaurar o pensamento de Jesus na atualidade, e, no entanto, encontra-se experimentando grave e perigoso transe mental.*

7

A FALÊNCIA DO
DR. MARCO AURÉLIO

A menos de quinhentos metros de distância da avenida festiva, distendia-se elegante bairro residencial de classe média alta, no qual também existiam mansões de alto luxo, que haviam sobrevivido à ambição imobiliária, que vem reduzindo todo espaço disponível a espigões de concreto armado, para mais amplos ganhos financeiros.

Acercamo-nos de uma delas, cercada por bem cuidado jardim de rosas e outras plantas, com destaque, ao fundo, para árvores frondosas que explodiam em júbilo através das frutas tropicais de que estavam carregadas.

Discretamente iluminada no exterior, parecia amortalhada em grande silêncio.

Um que outro grupo de foliões passava pela rua em relativa tranquilidade.

Acercamo-nos, todos os companheiros, sob a segura orientação do Dr. Arquimedes. Notei a presença de inúmeros Espíritos ociosos ali situados em discussões frívolas e agressões verbais...

Ao atravessarmos a ampla entrada, deparamo-nos com uma sala ricamente ornada, em penumbra, na qual a movimentação de Espíritos de baixo teor vibratório fazia--se grande. Em algazarra, e hilariantes, assumindo posturas ridículas e fazendo gestos servis, foram tomados de surpresa quando nos perceberam. Um deles, com fácies terrível, gritou, desafiadoramente:

– Que vêm fazer aqui os sequazes da mentira e da ilusão, em nome do Crucificado? Não esqueçam que Marco Aurélio é nosso. Entregou-se-nos de livre e espontânea vontade. Vocês não conseguirão nada com ele. É tarde demais...

Sem conceder-lhe a importância que se atribuía, o mentor prosseguiu na direção do piso superior, pelo acesso da escada de mármore bifurcada que descia graciosamente do alto à sala de entrada.

A movimentação desses visitantes infelizes era expressiva. Nem todos nos percebiam. Alguns dispararam em correria inesperada, tomados de surpresa, ao notar-nos, como se nos receassem. Outros prosseguiam com as suas preocupações, imersos nos pensamentos inditosos em que se enjaulavam.

Chegamos ao andar superior e dirigimo-nos a uma sala, onde se ouvia uma canção vulgar, saindo do aparelho de som, com letra de duplo sentido, servindo de estímulo a uma grotesca dança de Entidades lascivas.

Na ampla janela que dava para o quintal, encontrava--se um cavalheiro recurvado sobre o peitoril, com um copo de uísque na mão direita, enquanto fumava um charuto de alto preço, agitado mentalmente e com tiques nervosos contínuos.

Entre os dois mundos

Vestia um *robe de chambre* sobre o pijama e podia-se perceber-lhe o desequilíbrio, embora estivesse de costas para nós.

– *Trata-se do nosso irmão Dr. Marco Aurélio* – esclareceu o dirigente do nosso grupo. – *É uma autoridade importante na cidade, político hábil de larga história, embora os breves 48 anos de existência física. Tentemos ouvir-lhe os pensamentos atormentadores.*

Desligando-nos das demais ocorrências que sucediam na sala, fixamos a nossa na sua mente e passamos a ouvir-lhe inquietantes reflexões: – *Agora, ou nunca. Esta é a noite ideal para libertar-me do fardo infeliz. Um pouco de arsênico e tudo estará resolvido. Com a onda festiva, não há tempo para análises cuidadosas da causa mortis da enferma, já desgastada pelos sucessivos derrames cerebrais de que tem sido vítima...*

Detectamos, porém, que os seus pensamentos eram também orientados por um cruel e indigitado inimigo que se lhe acoplara de tal forma, perispírito a perispírito, que nos passara despercebido de início.

A emissão de sua onda mental fixava-se no centro do raciocínio do encarnado, distendendo-se numa rede viscosa pelo cérebro, de forma que lhe obnubilava o raciocínio lúcido. Teleguiado pela vontade dominadora, pensava em uma atitude reflexiva procedente do algoz, que lhe comandava o sistema nervoso central, produzindo-lhe os tiques de que se fazia instrumento.

Logo se referiu mentalmente à enferma, o mentor convidou-nos a adentrar num dos quartos próximos onde, prostrada, sob assistência especializada, encontrava-se uma senhora de aproximadamente 40 anos, muito desfeita, com visíveis sinais de paralisia dos membros inferiores, dos braços e torções deformantes da face. Entubada e recebendo soro, demonstrava um grande sofrimento que não podia traduzir. De quando em quando, abria os olhos cinzentos e respirava com dificuldade, asfixiada pela opressão de que se sentia vítima. Lágrimas contínuas escorriam-lhe pela face, expressando que o raciocínio estava livre da jaula cerebral, exteriorizando-se na manifestação de angústia e de desconforto íntimo.

– *Trata-se de nossa irmã Lucinda* – elucidou, mentalmente, o Dr. Arquimedes. – *Ela acompanhou o nosso Dr. Marco Aurélio, com a tarefa de ser-lhe esposa devotada, auxiliando-o no serviço especial que ele deveria desempenhar. Em verdade, foi-lhe companheira abnegada, destacando-se pela ternura com que sempre o envolveu e pela maneira superior com que desempenhou os papéis que lhe foram atribuídos no lar.*

Deu-lhe um casal de filhos, que hoje estão, respectivamente, com 20 anos o rapaz e a moça com 18 primaveras. Cuidou de educá-los com devotamento, não tendo recebido o correspondente apoio do marido, no que resultou em desequilíbrio do moço, que se tornou usuário de drogas químicas e da moça invigilante, que já enveredou pelo crime do aborto, liberando-se de um filho não desejado...

Embora houvesse tomado a decisão a sós, a mãezinha percebeu-lhe a tragédia íntima e tentou ajudá-la, não havendo conseguido o intento de evitar o abortamento, nem confortar a filha rebelde. Foi nessa ocasião, há oito meses aproximadamente que teve o primeiro derrame cerebral. Mais tarde, em razão de uma crise do filho, intoxicado por alta dose de substância alucinante, que a agrediu fisicamente, padeceu uma parada

Entre os dois mundos

cardíaca, sendo ressuscitada, mas foi acometida de novo problema cerebral.

As relações com o marido já se vinham deteriorando há mais de um decênio, em razão do comportamento leviano e desastroso dele. De nada valeram os seus apelos assinalados pelo amor não correspondido e pelo devotamento à sua vida.

Propositalmente, foi relegada a plano secundário no lar, e agora, quando se encontra relativamente próxima da desencarnação, o esposo, inspirado pelo comparsa invisível que o odeia, planeja envená-la com arsênico, certo de que o crime passará despercebido.

Fazendo uma pausa muito oportuna, concluiu:

— *Ele encontra-se preparado para executar o delito hediondo esta noite. Por esta razão aqui estamos, iniciando o nosso ministério.*

Em face do silêncio natural, enquanto contemplávamos o quadro comovedor, Ângelo, um dos nossos, interrogou o orientador:

— *O nosso irmão Dr. Marco Aurélio não recebeu ajuda antes deste momento, chegando a esta situação reprochável?*

— *Sem dúvida!* — respondeu. — *Marco Aurélio vem de nossa Esfera com tarefa bem definida para ser executada na Terra. Renasceu sob a custódia de abnegada benfeitora espiritual, que lhe fora mãe cuidadosa, mais de uma vez, e que o retirara do abismo em ocasião própria, quando ali se arrojara por imprudência e perversidade. Fracassado, nas lides cristãs, quando envergara roupagens clericais da Igreja Romana, utilizou-se do Cristo para espoliar pessoas incautas, dissimular conduta vergonhosa, submeter viúvas inexperientes aos seus caprichos e perversões, brandindo o Evangelho no púlpito como arma para atemorizar as vítimas e os naturais adversários.*

Desencarnou e reencarnou, mais de uma vez, comprometido com o clero venal, atirando-se pela própria incúria nas regiões infelizes da Erraticidade inferior.

A genitora abnegada empenhou os seus melhores títulos de enobrecimento para arrancá-lo do domínio das trevas e o conseguiu. Ele passou alguns decênios em tratamento cuidadoso em nossa Esfera, no departamento de recuperação e reeducação. Quando se recompôs um pouco, voltou ao proscênio terrestre, em expiação pungente, de modo a liberar-se de maior carga de intoxicações destrutivas que acumulara, e para fugir à sanha dos adversários que granjeara... Voltando ao Grande Lar, dispôs-se a contribuir em favor dos Novos Tempos, restaurando a palavra de Jesus entre as criaturas, como estão fazendo outros missionários do amor e da luz.

Foi treinado em cursos de divulgação do Evangelho e do Espiritismo, que vem iluminando o mundo, advertido quanto aos riscos que correria, em razão da imaturidade emocional nele ainda predominante. Nada obstante, optou pelo trabalho perigoso, na ânsia de recuperar-se e cooperar com os nobres apóstolos do bem. Não foram poupados esforços em favor do seu recomeço, sendo-lhe apresentado um programa adrede elaborado, para auxiliá-lo nas tarefas que deveria desempenhar.

A genitora conseguiu a cooperação de uma grande amiga espiritual, que renasceu com a tarefa de ser-lhe mãe biológica, disposta a infundir-lhe lições de nobreza e de elevação moral, orientação religiosa através do Espiritismo, a fim de que ele pudesse, nas fileiras de o Consolador, reparar o passado delituoso e encontrar novo rumo que o tornaria feliz.

Todo o projeto foi supervisionado pelos nossos Maiores e, cinco lustros depois, ele veio trazido à reencarnação cheio de esperanças e em clima de festa. Tudo transcorreu

Entre os dois mundos

conforme elaborado. Os pais deram-lhe proteção e carinho, orientaram-no pelo reto caminho do dever, robustecendo-lhe os sentimentos. Encaminharam-no às células espiritistas e ele revelou-se excelente discípulo das lições ouvidas, passando a comentá-las com facilidade de palavra e expressivo magnetismo pessoal.

O mentor calou-se por um pouco, sintetizando toda uma existência em breves comentários, logo dando curso à narração:

— Assim que o seu verbo atraiu o interesse de amigos e frequentadores da Sociedade Espírita, também despertou a curiosidade das falanges de inimigos que fizera anteriormente, e que passaram a sitiá-lo, procurando-lhe os pontos vulneráveis, a fim de atingi-lo.

O sicário, que lhe vimos imantado, é uma das vítimas pessoais que há mais de um século busca o desforço, em razão dos sofrimentos ultores que experimentou, quando sob sua terrível sujeição. Conseguiu, a muito esforço e pertinácia, acercar-se-lhe, induzi-lo à vaidade, inspirar-lhe o ressumar das imperfeições que permaneciam adormecidas e, a pouco e pouco, passaram a dominar-lhe o comportamento.

Dando lugar ao desenvolvimento intelectual, cursou a Faculdade de Direito, tornando-se um próspero bacharel, mais tarde, exímio criminalista, tendo em vista a sua facilidade de comunicação, de raciocínio rápido, de mente arguta... Nesse período, encontrou a futura esposa, que estudava Odontologia e começou o namoro, que iria culminar no matrimônio.

Nessas circunstâncias, cercado pela admiração de pessoas incautas e bajuladoras, não resistiu à tentação da vaidade. Acreditando-se especialmente intelectualizado, supondo-se superior aos frequentadores do ambiente que nele desenvolveu o conhecimento básico da Doutrina, começou a insistir que o Espiritismo não pode ser encarado como religião. Utilizando-se de verbalismo complexo e de hábeis textos retóricos, procurou justificar a tese com fundamentos pueris, embaraçando os mais simples, que não tinham como contestá-lo. Sem dúvida, tratava-se de sua habilidade pessoal, a fim de fugir às responsabilidades morais que o Evangelho estabelece como essenciais para a desincumbência dos compromissos espirituais que houvera assumido. Descomprometido com a visão religiosa, logo tentou demonstrar que a convicção derivada da observação dos fatos não podia apoiar-se em estatutos morais transitórios, "heranças infelizes das religiões decadentes", como afirmava, abandonando a tribuna e deixando à margem o ideal de servir.

Os seus inimigos espirituais, que lhe inflavam a insensatez, logo o induziram à carreira política, em que poderia servir à Humanidade, sem vínculos com doutrinas místicas, que mais perturbam as massas do que as orientam.

Convenhamos que, em todo esse período, não faltaram os socorros hábeis para despertá-lo do letargo, inspiração insistente por parte da mãezinha espiritual que o conduziu à nossa colônia, mais de uma vez, a fim de fazê-lo reconsiderar as atitudes infelizes... Logo retornava ao corpo somático e a embriaguez dos sentidos dominava-o, levando-o a conclusões de que os fenômenos de que era objeto não passavam de efeitos do inconsciente encharcado de ideias espirituais...

Consorciou-se e, nos primeiros tempos, desincumbiu-se relativamente bem dos novos compromissos, enquanto os filhinhos chegavam, Espíritos que dele necessitavam, por serem também suas vítimas antigas. Cabia-lhe o dever de os assistir com frequência, instruí-los na fé espírita, sustentá-los nas ações edificantes, liberá-los dos conflitos e reminiscências *amargas, dialogar insistentemente... Sentindo alguma anti-patia por ambos, também desconforto com a sua presença, remanescentes dos sucessos transatos, preferiu presenteá-los, dar-lhes comodidades exageradas, manter-se distante, ao invés de doar-se, o que é sempre mais difícil.*

A esposa desdobrava-se para exercer o papel de mãe e pai, pedindo-lhe ajuda, sempre recusada, que tornou os jovens, no lar, inimigos discretos do genitor, derrapando, a partir da adolescência, mediante fugas espetaculares para o tóxico e o sexo.

Concomitantemente, à medida que aumentava o patrimônio financeiro, em decorrência das habilidades profissionais e do êxito político, deixou-se enredar em aventuras sexuais nos bordéis de luxo com outros amigos de ocasião, absorvendo os fluidos deletérios dos adversários, pacientes e impiedosos, que agora o dominam completamente.

Aturdido por essas influências pestíferas, não suporta mais a esposa enferma, que lhe parece pesar como um fardo exaustivo, e que a morte natural não arrebata, a fim de deixá-lo livre para a entrega total aos desvarios que lhe retomam as paisagens mentais e emocionais...

Outra vez, o venerável amigo pôs reticências em a narração.

Deteve-se, olhando a irmã sofredora, e comoveu-se, o mesmo ocorrendo conosco.

A seguir, voltou à história, explicando-nos:

– Ele aguarda que o enfermeiro desça à cozinha para um ligeiro lanche, como de hábito, alguns minutos mais tarde, quando pretende executar o plano macabro que vem desenvolvendo mentalmente. O uísque, de que se fez dependente, dar-lhe-á a coragem que o discernimento não permite.

Sensibilizado com a exposição surpreendente, o irmão Petitinga interrogou, por sua vez:

– *Qual o plano de socorro à nossa irmã enferma, que nos cabe atender?*

Com paciência e sabedoria, Dr. Arquimedes respondeu:

– *Há um brocardo popular que acentua: "Quem não ascende a Deus pelo amor, consegue-o pela dor". Abandonados os sentimentos superiores, que tombaram no olvido, em face da sua presunção e da loucura pelo poder, nosso caro Dr. Marco Aurélio vem sendo vítima de hipertensão arterial, que não tem cuidado conforme seria de desejar. Isso nos será suficiente para sustar o próximo crime. A bondade de Deus, que não tem limite, oferece o seu socorro através dos mais diferentes mecanismos que propiciam a evolução.*

Dentro em breve receberemos a sua progenitora desencarnada, que nos auxiliará na providência superior para o bem do filho querido.

– *E não iremos afastar-lhe o obsessor?* – interrogou Germano, também do nosso grupo.

Demonstrando muita serenidade e profundo conhecimento da alma humana, o gentil amigo respondeu:

– *Não nos compete fazê-lo pela violência, já que a simbiose ocorre por aquiescência do* hospedeiro, *que lhe oferece campo vibratório para a ocorrência do fenômeno. Posteriormente, no entanto, seremos convidados a agir conforme estabelecem os códigos do amor e da caridade. Aguardemos!*

A proposta para aguardarmos revestia-se de uma sutil mensagem de que o momento não comportava novas interrogações.

Entre os dois mundos

Chegavam até nós os ruídos da festa desbragada. O lar, que havia perdido o contato com as Esferas superiores, onde a oração fora deixada de lado e os sentimentos nobres cederam lugar aos abusos de variada expressão, refestelava-se de seres vadios, misturados com a gangue odienta.

Eram, mais ou menos, 21h, quando surgiu e acercou-se-nos uma dama distinta, procedente de alta Esfera espiritual.

Embora não se apresentasse com todo o esplendor da sua condição elevada, podia-se perceber-lhe o grau de espiritualidade.

Saudou-nos, com extrema ternura, e disse ao nosso mentor:

— *Estou pronta, querido amigo. Podemos iniciar a terapia salvadora.*

No mesmo instante, o enfermeiro afastou-se do quarto e desceu a escadaria, demandando a cozinha.

O Dr. Marco Aurélio adentrou-se, olhou em volta, quase que incorporado pelo inimigo impiedoso. Ofegava, em decorrência da ansiedade e do medo que o dominavam, embora o álcool que absorvera.

Tomou de um pequeno vidro, que trazia no bolso, com a substância letal e, insuflado pelo obsessor que lhe impunha a ordem do uxoricídio, derramou-o em um copo, predispondo-se a levá-lo aos lábios da enferma, que o fixava com os olhos brilhantes, como se o Espírito soubesse o que estava acontecendo. E em realidade sabia-o. Sem poder mover-se, a expressão de dor e de angústia era estarrecedora. Ele olhou-a casualmente e não pôde sopitar o desespero, informando-a, nervoso, mas sem hesitação:

— *Isso acabará logo. Não irá doer.*

A um sinal da genitora do tresvariado, o Dr. Arquimedes enviou-lhe alta carga de energia, que encontrou guarida no chacra cardíaco, fazendo-lhe o coração disparar, aumentando o bombeamento de sangue para o cérebro. O inimigo desencarnado, recebeu, também, a onda vibratória, e afastou-se abruptamente, embora continuasse ligado à massa encefálica do seu sequaz. As sucessivas cargas de vibração que eram absorvidas pelo coração aceleravam a circulação do sangue e os capilares cerebrais entumeceram, as artérias dilataram-se, e trêmulo, com a vista embaçada, ele levou a mão ao peito, rolando ao chão, quebrando o copo, derramando o líquido terrível, contorcendo-se e desenvolvendo um íctus cerebral.

O enfermeiro escutou-lhe a queda, subiu a escadaria aos saltos e deparou-se com a cena chocante.

De imediato telefonou ao pronto-socorro, solicitando um médico e a ambulância, que chegariam com muito atraso, em razão das festas alucinantes...

O político de destaque estava agora impossibilitado de prosseguir na trajetória dos desequilíbrios, sendo poupado de maiores gravames.

Os filhos irresponsáveis, somente viriam a tomar conhecimento da ocorrência preocupante no dia seguinte, quando chegaram ao lar avançadas horas da madrugada, mesmo assim, sem condições de entender exatamente o que houvera acontecido, em razão da lastimável situação emocional e do desgaste decorrente das extravagâncias cometidas.

8

AS ATIVIDADES PROSSEGUEM

Tomadas as providências de remoção do Dr. Marco Aurélio para o hospital, não pudemos furtar-nos de acompanhar a expressão de pavor desenhada na face da irmã Lucinda.

Porque estivesse parcialmente desprendida do corpo físico, por ele comunicando-se através do perispírito, que lhe registrava as emoções, o nosso mentor aproximou-se e falou-lhe com imensa ternura:

— *Mantenha-se em clima de serenidade. O perigo já passou. Agora você fruirá de paz. Aqui estamos para auxiliá-la.*

Sem dar-se conta de que se tratava de um benfeitor desencarnado, ela justificou o medo que a dominava e as incertezas que lhe pairavam na mente, ao que ele esclareceu:

— *Você tem sido fiel cumpridora dos seus deveres. Nunca falta o divino apoio a quem se entrega a Deus, conforme você o faz. A partir de agora tudo se regularizará e, em breve, você estará libertando-se do envoltório material, retornando ao país de sua origem, ornada pelas bênçãos do triunfo. Felizes aqueles que se desincumbem dos compromissos assumidos, mesmo que sob o estigma da aflição e as chuvas de amarguras. Procure repousar um pouco e continue confiando no Pai Misericordioso.*

O Espírito asserenou-se e, em pouco tempo, estava adormecido ao lado do corpo, igualmente em repouso.

As emoções experimentadas haviam sido muitas, redundando no agravamento do seu quadro, porque, logo depois, ela teve nova ruptura de capilares cerebrais. A médica encarregada de dar-lhe assistência, que fora chamada desde o momento em que o esposo foi removido, concluiu pela necessidade de conduzi-la também para a mesma unidade de terapia intensiva em que ele se encontrava inconsciente.

Outros familiares acorreram à residência, agora em tumulto decorrente das aflições que tomaram conta de todos. Os filhos, que despertaram mais lúcidos, foram acometidos de surpresa e dirigiram-se ao hospital, onde tiveram notícias da situação muito grave em que se encontravam os genitores.

Sacudidos pelo choque, puseram-se a repassar os acontecimentos da sua atribulada existência, reflexionando, talvez, pela primeira vez, sobre a família, os laços de respeito, de amor e de consideração pelos pais, laços esses que eles haviam rompido...

Antes, porém, da transferência de dona Lucinda para o hospital, o benfeitor providenciou uma limpeza psíquica na residência infestada pelas presenças espirituais perniciosas, expulsando os insensatos e perversos desencarnados, enquanto o ajudamos, vibrando intensamente amor e disciplina, orando em silêncio, de forma que pudéssemos criar proteção especial para nós mesmos. Não foi difícil realizar o serviço, embora os Espíritos mais recalcitrantes e perversos,

Entre os dois mundos

experimentando os choques que lhes promovíamos, afastassem-se blasfemando e ameaçando.

O inimigo especial do Dr. Marco Aurélio seguiu com ele à UTI, em razão dos profundos vínculos que os uniam e do seu persistente desejo de vingança.

Frustrado, por não o haver levado ao crime, agravando-lhe a situação espiritual, comprazia-se, por outro lado, por tê-lo agora sob domínio quase total, em razão do destrambelhamento da usina cerebral.

Passamos o dia modificando a psicosfera da residência do político invigilante, que se permitira complicar a existência, que deveria transcorrer dentro de padrões de equilíbrio e de elevação moral. No entanto, cada um é sempre responsável pelas atitudes que assume, não podendo fugir posteriormente aos resultados disso decorrentes.

Num momento, que nos pareceu próprio, interroguei o prestimoso mentor:

— *Ainda não me houvera ocorrido que procedesse do Mundo espiritual uma terapia tão vigorosa, quanto a que fora aplicada no aturdido advogado. Isso acontece com frequência?*

Sempre afável, ele respondeu:

— *Miranda, não devemos esquecer que o Mundo espiritual, na sua causalidade, sempre é o agente de todas as ocorrências que têm lugar no orbe terrestre. Direta ou indiretamente, as ações que daqui procedem refletem-se na esfera física, seja mediante a interferência dos Espíritos desencarnados em aflição ou em estado de elevação, como também por consequência dos compromissos anteriormente assumidos.*

Assim sendo, podemos asseverar que a esfera física é o resultado da ressonância dos labores daqui procedentes.

No caso em tela, como ocorre com outros de correspondente conteúdo, o Amor de Deus adota a terapia da compaixão, dificultando a prática de atos ignóbeis através de distúrbios orgânicos naquele que marcha para um destino inditoso. Todos são beneficiados com impedimentos à prática do mal, nada obstante, têm a liberdade de realizá-la ou não, oportunamente, não sendo impedidos na sua decisão.

O nosso amigo tem sido vítima de si mesmo, em razão dos deslizes do passado, como dos prejuízos morais do presente. No entanto, induzido pelos agentes do mal, que deveria ter conquistado para a renovação e a paz, permitiu-se conduzir pelas suas insinuações, infelizmente compatíveis com os resíduos da própria conduta, avançando no rumo de desastres imprevisíveis... Como a Lei Divina é de amor, embora também de Justiça, mas nunca de vingança ou de impiedosa cobrança dos erros praticados, sempre interfere mediante recursos inesperados. Para os transeuntes do corpo, essas terapias salvadoras parecem desgraças, por somente verem o lado material da existência, enquanto que, em realidade, são salvadoras.

— Dentro desse raciocínio, podem os benfeitores espirituais conduzir os pacientes rebeldes a uma desencarnação antecipada?

— Sem qualquer dúvida! Não são poucas as existências humanas que, para serem impedidas as sequências de disparates, têm o seu curso interrompido, assim beneficiando esses Espíritos rebeldes, teimosos e insanos. O mesmo ocorre em relação a alguns missionários do bem, que, empolgados pelas realizações executadas, desviam-se um pouco do ministério, passando a direcionar o trabalho para os impositivos dominantes na Terra. Objetivando-lhes a felicidade, são convocados ao retorno, mediante enfermidades breves, acidentes orgânicos ou não, de

forma que não prejudiquem a obra realizada, impondo-lhe características pessoais. Muitos abnegados trabalhadores da verdade, para a sua própria ventura, têm sido chamados de volta, antes do prazo estabelecido para a desencarnação...

Surpreendido, apressei-me em inquirir, interrompendo--o, sem dar-me conta:

— E o restante do tempo? Como ficará?

— Recordemo-nos da Parábola dos Trabalhadores da Última Hora, narrada por Jesus. Os últimos chamados receberam o mesmo salário oferecido àqueles que foram convocados antes e se dedicaram ao trabalho por mais tempo. A questão não se reduz ao período largo ou breve da realização edificante, já que não existe uma fatalidade a respeito da hora para a desencarnação das criaturas, mas um momento relativamente determinado. O importante é o que se realiza em profundidade e não o tempo aplicado na sua execução. Se o lidador do dever produziu aquilo que lhe fora programado, quando, em vez de aprimorar o trabalho, ameaça-o com a própria interferência, merece ter interrompida a ação, por amor e respeito ao seu ministério. É, portanto, um ato de caridade para com ele. O restante do tempo que deveria propiciar-lhe mais ensejo de realizações, fica transferido para outra oportunidade, quando então dará prosseguimento ao compromisso que sempre deve ser melhorado.

Estimulado pela minha indagação, Germano também interrogou:

— O Dr. Marco Aurélio possui méritos para ser detido, já que se vem entregando, cada dia mais, às potências das trevas?

— Sim — redarguiu, paciente. *— Não me refiro a méritos recém-adquiridos, mas àqueles que resultam das disposições iniciais para a iluminação, do esforço envidado nos primeiros*

tempos, nas boas realizações conseguidas no começo... Nada fica olvidado na Contabilidade Divina. O bem que se faz é semente de luz atirada na direção do futuro. Mesmo que o semeador se envolva com sombras, se prossegue a caminhada, defrontará a claridade que atirou no rumo do amanhã.

Recordemo-nos que foram insistentes os seus esforços iluminativos na juventude, diversas as práticas edificantes e muitas pessoas que se tocaram pelas suas palavras dando direção correta à existência. Não obstante havendo fracassado no prosseguimento do dever, não desaparecem os bons resultados da obra realizada até aquele instante. Providências dessa natureza permitem ao Espírito reflexionar e arrepender-se das atitudes incorretas, já que o distúrbio é somente do corpo pelo qual se movimenta, mantendo-se, porém, lúcido, de modo que pode recompor a paisagem mental, recuperando-se ou não do transtorno fisiológico. Seja, porém, como for, sempre retorna à nossa Esfera menos comprometido, com melhor disposição para os futuros compromissos e vacinado contra si mesmo, sua inferioridade, suas paixões amesquinhantes...

Não somente a caridade se expressa quando resolve dificuldades nossas, senão, também, quando nos convoca a mais acuradas e profundas reflexões propiciadas pelo sofrimento.

A noite vencia a claridade do dia com suavidade. O verão estava esplendente, retardando o domínio das sombras que invadiam a cidade violentada pelos alucinantes festejos.

Quando lhe pareceu suficientemente positivo o ambiente do lar onde estávamos, ele sugeriu que retornássemos à UTI do hospital, a fim de darmos assistência a dona Lucinda.

Entre os dois mundos

Quando ali chegamos, a movimentação de encarnados e de desencarnados era muito grande. Predominavam as atividades dos Espíritos, especialmente os sofredores, os perturbadores, os vingativos... Mesclando-se com as suas torpes programações, igualmente se destacavam nobres Entidades interessadas no auxílio aos seus pupilos, aos seus acompanhantes, dedicadas ao bem geral e inspiradoras de médicos, enfermeiros, servidores outros que trabalhavam naquele nosocômio, de familiares aflitos...

Dirigimo-nos imediatamente à unidade de emergência, que se encontrava lotada por habitantes de nossa Esfera de ação e acercamo-nos do leito de nossa paciente, que houvera piorado gravemente.

A respiração entrecortada não era suficiente para irrigá-la do oxigênio necessário, embora o auxílio de aparelho apropriado. Os batimentos cardíacos permaneciam irregulares, conforme apresentava o monitor acima da cabeceira da cama, o mesmo ocorrendo com os ciclos cerebrais. Havia todo um descontrole orgânico quase generalizado. Apesar de assistida por dedicada profissional que lhe examinava a tensão arterial, aplicando medicamento específico para equilibrá-la, podia-se constatar que as suas resistências combalidas não venceriam a noite.

O benfeitor examinou-a detidamente e elucidou:

– *O choque experimentado foi superior à sua capacidade de resistência emocional e orgânica. Embora ela estivesse programada para retornar um pouco mais tarde, será recambiada, logo mais, para o nosso plano.*

Nesse momento, a sogra espiritual também chegou e anunciou-nos, jovialmente:

– Lucinda já sorveu a sua taça de amargura. Não tem mais dívidas, por enquanto, a resgatar e, por isso mesmo, recebê-la-emos entre nós, dentro de alguns minutos.

Aproximou-se da enferma, que lhe pareceu identificar a presença, em razão do estremecimento que lhe percorreu todo o corpo dominado pela paralisia e respirou um pouco mais aliviada, enquanto a veneranda Entidade lhe acariciava o *chakra* coronário, beneficiando-a suavemente.

Logo depois, voltou-se para o Dr. Arquimedes e falou, tomada de justa alegria:

– Pode dar início ao seu processo de desligamento do corpo físico, querido amigo.

9

LIBERTAÇÃO DE D. LUCINDA

Dona Lucinda encontrava-se, em Espírito, parcialmente desprendida, ainda muito angustiada. Embora em uso de alguma lucidez e pouco discernimento, debatia-se em aflição, especialmente em face do temor em torno do que estava acontecendo e do que iria suceder, porquanto aqueles últimos foram dias terríveis para as suas debilitadas resistências orgânicas.

Haviam sido tão graves as emoções experimentadas que o coração acelerado, sob o efeito da hipertensão arterial, deu origem aos severos comprometimentos cerebrais ou vice-versa.

Dr. Arquimedes, naquele momento, fixou-a com infinito amor, auxiliando-a mediante induções mentais para que se tranquilizasse.

Na situação em que ela se detinha, eliminava fluidos perturbadores que a intoxicavam espiritualmente.

Ao influxo, porém, das vibrações bem-direcionadas pelo mentor, que a alcançavam balsâmicas, ele falou-lhe, enternecido:

– *Tem ânimo, filha querida! Preserva a serenidade ante os acontecimentos em curso. O teu calvário, que te parece longo e doloroso, encontra-se em fase terminal. Confia em Deus e deixa-te por Ele conduzir sem opores resistências às Suas determinações... Após os testemunhos necessários à iluminação surge a liberdade generosa e enriquecedora.*

Lágrimas contínuas expressando o seu sofrimento de longo curso, escorreram-lhe pelas faces marcadas pelas garras fortes da aflição.

Podíamos identificar as preocupações que a atormentavam, em relação à família rebelde, mas que não podia verbalizar. O sentimento materno, em toda e qualquer situação, é sempre assinalado pela ternura e pela necessidade de auxiliar a prole, especialmente quando essa se encontra em perigo.

Captando-lhe os pensamentos afligentes, o psiquiatra espiritual esclareceu-a com bondade:

— *Os filhos são sempre de Deus, que os empresta aos pais biológicos, temporariamente, a fim de poderem crescer no rumo da felicidade, que nem sempre valorizam. É certo que, somente poucos aproveitam-se da feliz oportunidade, seguindo as trilhas luminosas traçadas pelos genitores. Expressivo número, no entanto, logo identifica as facilidades terrestres, as comodidades, as dissoluções, dominado ainda pelas más inclinações que remanescem das experiências transatas, e opta pelos deslizes... Apesar disso, sempre armazena conhecimentos e experiências que um dia lhe serão valiosos.*

Fez interrupção temporária, a fim de facilitar-lhe a absorção das suas palavras, continuando:

— *A respeito do esposo enfermo, igualmente mantém-te em paz interior, porquanto também ele vem recebendo a competente ajuda que se lhe torna indispensável. Havendo preferido avançar pela via tortuosa, é natural que os passos*

Entre os dois mundos

que o conduziram às escarpas perigosas imponham-lhe o retorno tão difícil quanto perigoso. Mas ele conseguirá triunfar, amanhã ou mais tarde, conforme a Providência Divina lhe faculte. Dispondo de recursos inestimáveis, que desperdiçou por loucura e ambição, refaz o caminho com dificuldade, a fim de recompor-se e reconquistar tudo quanto malbaratou.

Fixa a mente na tua libertação, porquanto a prova a que foste submetida por necessidade de evolução, alcança o seu clímax, avançando para o inevitável término.

Novamente silenciou, ensejando à paciente mudar o aspecto facial e a emoção, agora irisada pela esperança e o reconforto moral de que se via objeto.

Como imediata consequência da especial vibração que assimilava, ela entrou em relaxamento, adormecendo em seguida no invólucro carnal.

Vimo-lo aplicar em todo o cérebro, especialmente no chacra coronário, energias vigorosas, através de movimentos rítmicos, deslindando os fios de manutenção das faculdades do Espírito junto à usina cerebral.

O dedicado médico explicou-nos com síntese:

— A nossa intervenção tem por objeto providenciar a morte das funções cerebrais, o que irá contribuir para a ocorrência da morte encefálica, que dá origem a sucessivos distúrbios autonômicos, metabólicos e hemodinâmicos. Esses processos de desarticulação dos mecanismos vitais promoverão a deterioração da estabilidade cardiocirculatória e da perfusão tissular, que produzirão a parada cardíaca. Trabalhando-se em favor da hipertensão intracraniana, logra-se a ocorrência de alterações neuropatológicas conhecidas como tempestade adrenérgica, que no momento nos será muito útil...

Pode-se observar que o cérebro apresenta hemorragias macroscópicas e diversos graus de isquemia aguda espalhada por ambos os hemisférios, alongando-se até o cerebelo e alcançando o tronco encefálico. Logo mais, teremos atingido a nossa meta.

O processo continuava, e podíamos notar que uma peculiar luminosidade adentrava-se pelo órgão quase totalmente amortecido, diluindo as antes vigorosas conexões do Espírito com o corpo.

Ato contínuo, ele passou a aplicar a mesma energia na área cardíaca, realizando movimentos especiais, como que desatarraxando matrizes vibratórias que se fixavam ao órgão e a todo o campo em volta.

Observei que o órgão pulsava desordenadamente.

Enquanto operava, ele chamou-nos a atenção para o músculo cardíaco, assinalando:

— *A notável bomba injetora de sangue para todo o organismo encontra-se desgastada. As sucessivas alterações da pressão arterial foram demasiadamente fortes para os tecidos que a constituem. À semelhança de uma borracha muito esticada, que é liberada abruptamente, agora se apresenta com a tessitura distendida, sem a mesma plasticidade que lhe faculta as pulsações. A fibrilação auricular produz extrassístoles e, em consequência, irrigação irregular do sangue no organismo.*

Por outro lado, os impulsos estão perdendo o seu ritmo, em decorrência da interrupção elétrica nos ventrículos e na aurícula, que estamos produzindo, propositalmente, propiciando a próxima e inevitável parada cardíaca. Logo que essa ocorra, a falta de oxigênio no cérebro, já danificado, irá completar-lhe a morte, portanto, a cessação da vida física de nossa paciente.

Entre os dois mundos

A operação teve curso prolongado, ensejando-nos acompanhar o esforço dos diversos órgãos para prosseguir nas suas funções, cada vez mais deficientes, até a cessação, uma após a outra, por completo.

Quando ocorreu a parada cardíaca, o monitor disparou, atraindo um enfermeiro e, logo depois, a cardiologista, que deram início ao processo de ressuscitamento por massagens, prosseguindo com os aparelhos específicos, aplicando choque e respirador automático.

Tudo em vão, naturalmente, porque o fenômeno era desencadeado de nossa Esfera para o mundo físico, antecipando um pouco a ocorrência normal.

Embora pudéssemos ter acompanhado a morte fisiológica, a desencarnação total ainda não houvera acontecido.

Os vínculos perispirituais permaneciam e começavam a afrouxar-se.

Dando continuidade ao processo, o hábil médico trabalhava os laços fluídicos, de forma que os dissociasse com muito cuidado.

À medida que dava continuidade, pudemos ver a exteriorização das energias físicas, a princípio, muito escuras e densas, tornando-se mais etéreas e sutis, avolumando-se exteriormente, enquanto o perispírito era liberado das artérias, veias e vasos cuja corrente sanguínea, que lhe servia de suporte, decompunha-se.

Um símile perfeito do corpo somático foi-se formando diante de nós, ensejando-nos acompanhar a constituição espiritual da senhora desencarnada. Apresentava as mesmas características da organização fisiológica, inclusive no aspecto de desgaste e de sofrimento. Algumas emanações continuavam sendo liberadas pelo corpo, que ainda retinham o Espírito junto ao invólucro material.

Petitinga, percebendo as minhas interrogações silenciosas, aproximou-se, vindo em meu auxílio e esclarecendo-me:

— *Trata-se do fluido vital que se vai exteriorizando e desaparece a pouco e pouco, facultando a decomposição cadavérica. Quando se trata de Espíritos sensualistas, perversos, utilitaristas, cujos interesses sempre estiveram vinculados à matéria, essas energias continuam atando o desencarnado aos despojos orgânicos, proporcionando-lhe sofrimentos, que são assimilados pelo perispírito, o que lhe dá a impressão de que a morte não ocorreu. Noutros casos, como neste, a diluição dá-se lentamente até a total liberação, não produzindo danos de natureza alguma no ser desencarnado...*

Ante o insucesso da operação de ressuscitamento promovida pela equipe cardiológica, o especialista declarou-a morta, propondo as providências para a remoção do cadáver para o local do velório, ao tempo em que o serviço social do nosocômio comunicou à família da senhora a infausta ocorrência.

Os filhos, bruscamente despertados para a realidade dos últimos acontecimentos, que culminavam na irreparável perda da mãezinha, foram acometidos de sincero sofrimento, pela primeira vez, percebendo a grandeza daquela que a tudo renunciara em favor da harmonia doméstica e da felicidade deles. Sentiam-se agora inseguros em torno do futuro, em face das difíceis conjunturas que se lhes apresentavam de uma só vez.

Entre os dois mundos

Afinal, a vida física é impermanente, e tudo nela está sujeito a fenômenos inesperados, por mais se lhe programe de forma otimista e tranquila o transcurso.

O Dr. Marco Aurélio, porque em estado de coma, não tomou conhecimento das nefastas consequências da sua leviandade e dos seus disparates que, por pouco, não o comprometeram mais gravemente.

Padecendo a injunção obsessiva do adversário desencarnado que o exauria em vampirização cruel, mas que ele acolhera espontaneamente no psiquismo, em face dos desalinhos que se permitira, prosseguiria na investidura carnal por mais tempo, de modo que se beneficiasse moral e espiritualmente do processo reparador.

Sua veneranda genitora espiritual, que viera especialmente para as terapias aplicadas em seu favor e da sua esposa, auxiliando-a na libertação do invólucro carnal, acercou-se de dona Lucinda, agora liberada do corpo e entorpecida, solicitando ajuda de dois membros do nosso grupo, para conduzi-la ao nosso acampamento, onde ficaria internada em pavilhão apropriado, para posterior remoção à nossa Esfera, após o sepultamento cadavérico.

Os restantes fluidos que uniam o corpo ao Espírito foram destrinçados delicadamente e agora, o restante que se evaporava dos despojos carnais, não mantinham amarra alguma com o ser propriamente dito.

A bulha terrível diminuíra nas ruas da cidade tumultuada, com a chegada do amanhecer, no seu fulgurante carro de luz.

Aquele era o último dia do espetáculo de perversão e loucura a que se entregaram os foliões agora cansados, que iriam, logo mais, contabilizar os prejuízos emocionais,

Manoel Philomeno de Miranda / Divaldo Franco

financeiros e morais dos descalabros que se permitiam. Naturalmente, esse despertar não influenciaria muito nas suas decisões para uma vida morigerada, antes, em razão do vício que se facultavam, sentiam mais ainda o açular dos desejos para o prosseguimento da bacanal.

Como não pudéssemos ser úteis naquela unidade hospitalar, após o trabalho a que nos dedicáramos, o bondoso mentor convidou-nos a retornar ao nosso local de repouso e reflexões, a fim de darmos prosseguimento aos futuros compromissos que nos aguardavam.

Havíamos estado em atividade junto ao Dr. Marco Aurélio e sua família durante os últimos quase três dias.

10

DISCUSSÕES OPORTUNAS SOBRE A DESENCARNAÇÃO

Em nosso acampamento a movimentação era expressiva. Alguns grupos retornavam das atividades realizadas, como sucedera com o nosso. Comentários jubilosos podiam ser ouvidos em toda parte.

O nosso mentor buscou colher informações com outros responsáveis pelas tarefas iniciais e a satisfação coroava todos os semblantes de emotividade feliz e gratidão a Deus.

Petitinga, nós e os demais amigos demoramo-nos em conversações edificantes, repassando os acontecimentos recentes, quando me referi:

– *É a primeira vez que participo de uma desencarnação promovida pelos Espíritos nobres. Pareceu-me surpreendente, abrindo-me campo a muitas interrogações...*

Como já lhe fora habitual a tarefa de tal magnitude, o amigo Petitinga, percebendo-me o constrangimento em propor questões específicas, elucidou-me:

– *É natural que produza estranheza, quando se acompanha um processo desencarnatório promovido pelos Espíritos guias. Isso, porém, não constitui exceção. Há maior número de processos libertadores provocados pelos anjos da guarda, do que*

93

se tem notícia na Terra. O amor não transige com o erro. Diante de determinadas situações graves, quando podem esfacelar-se labores cuidadosamente trabalhados ou periclitam decisões importantes, como resultado das torpezas humanas, a interferência dos programadores da reencarnação, interrompendo-a, torna-se necessária, a fim de serem recambiados ao Lar aqueles que antes foram conduzidos ao processo experimental.

Da mesma forma que ocorre com Espíritos vacilantes ou seriamente comprometidos poderem desistir do renascimento no corpo já em formação, quando temem o fracasso que pode dar-se, sob a assistência dos seus mentores provocam o aborto espontâneo, a desencarnação então tem vigência mediante recursos equivalentes, o que é normal.

Considerando-se o tempo que restava à nossa beneficiada, que não lhe traria maior soma de proveitos, podendo, pelo contrário, transformar-se em razão de desequilíbrio, como consequência dos impedimentos corporais para a comunicação, para o reconforto moral, aprisionada como estava em um cárcere de células, sem campo para crescimento espiritual relevante, a providência constitui um ato de misericórdia para com ela. O seu mérito, diante das vicissitudes e provações, facultou-lhe o retorno em paz, sucedido de breve recuperação, prosseguindo a aprendizagem evolutiva em liberdade. Conforme disse Jesus, digno é o trabalhador do seu salário.

Germano, o colaborador discreto que cooperara na condução de dona Lucinda ao acampamento, obtemperou:

— Realmente, providência de tal monta constitui Misericórdia de Deus em nome do amor que não cessa. Na situação de encarceramento que a paciente vivia e em contínua tensão extenuante, ao acompanhar os dislates familiares, sem nada poder fazer, podia entrar em crise emocional, desarticulando o

Entre os dois mundos

complexo trabalho de iluminação já realizado. Observei que, durante a sua remoção para o pavilhão em que se encontra, apresentava sereno o antes angustiado semblante. A respiração fazia-se-lhe ritmada e exteriorizava significativa expressão de harmonia.

Recordo-me que, oportunamente, ouvi referências de diligente técnico espiritual em desencarnação, explicando a maneira como colaborou na libertação de um missionário do amor e do conhecimento, antecipando-lhe o retorno à Espiritualidade.

Ele houvera reencarnado com tarefas adrede estabelecidas, que iriam mudar, conforme vem ocorrendo, o comportamento de grande parte da sociedade humana. Desincumbia-se muito bem do compromisso, arrostando todas as consequências da sua decisão de ser fiel ao dever assumido. O orgulho não o perturbara, nem as calúnias o desanimaram. O veneno do ódio não encontrou campo para instalar-se-lhe na mente nem no sentimento nobre. As perseguições tornaram-se-lhe estímulo para o prosseguimento.

No entanto, quando percebeu a proximidade da morte, pôs-se a elaborar projetos e diretrizes que, não obstante fossem muito importantes, poderiam desvirtuar o conjunto do trabalho, que sempre acompanha a marcha do progresso, não devendo ficar atado a programas estatutários rígidos. Em cada época o processo da evolução faculta as atribuições compatíveis para o desenvolvimento dos ideais, que devem permanecer abertos às naturais contribuições da cultura e da experiência. Porque o risco de mudança de diretriz viesse ocorrer, abrindo espaço para novas sortidas na obra que não era dele, para o seu e o bem do trabalho, foram tomadas providências em Altas Esferas, a fim de que retornasse antes do tempo, sem qualquer prejuízo para o ministério concluído com grande êxito.

O amigo reflexionou em silêncio por um pouco, e aduziu:

– *A princípio, ante a minha imaturidade espiritual, fiquei chocado com a providência. Posteriormente, recordando-me de muitos fracassos pessoais bem como de outros companheiros, que não conseguiram superar as más inclinações, entendi que a ocorrência houvera sido portadora de grande sabedoria e misericórdia para com o obreiro. Desencarnado, recompôs-se, compreendeu o sucedido e preparou-se para novo cometimento, havendo retornado ao palco terrestre em nova reencarnação, quando pôde dar prosseguimento à obra missionária, aplicando os recursos vigentes da cultura e da Ciência contemporâneas.*

Não fora aquela decisão dos seus mentores e poderia ter sucumbido ao excesso de zelo pela preservação do seu ministério, esquecido de que Deus vela e a Ele cabem as decisões para os sucessos futuros. Isso não implica manter-se uma atitude de imprevidência, transferindo a responsabilidade para o Senhor, mas serve de advertência para o excesso de zelo e de preocupação, quanto ao porvir dos empreendimentos executados.

Germano, que até então se mantivera em silêncio, pediu licença e adiu:

– *O corpo é sempre um anestésico poderoso para as lembranças espirituais. Mesmo que o Espírito consiga manter-se em constante contato com a retaguarda de onde procede, o mergulho na matéria apaga parte ou a totalidade das recordações, quando não as confunde completamente. Ao mesmo tempo, as circunstâncias sociais e as lutas do dia a dia assinalam-lhe o comportamento com as suas impressões, desorientando o ser por melhor intencionado que seja. Mesmo quando portador de alto gabarito evolutivo, não transita pelo mundo sem experimentar-lhe as injunções penosas.*

Entre os dois mundos

Não é raro se notar, em verdadeiros apóstolos do amor e da caridade, reações humanas desconcertantes, quais o ciúme, a mágoa, quando não acolhidos ou desafiados por outrem, que não concorda com as suas ideias, ou ressentem-se com outros que lhes parecem competidores... Acostumados a ser apoiados, respeitados em consequência da sua conduta elevada, escorregam na paixão pessoal, às vezes, tomando atitudes surpreendentes, que se opõem à sua própria forma de ser. É o denominado lado humano, a presença dos atavismos não superados, que em nada lhes diminui a grandeza.

Por essa, como por outras razões, o socorro dos guias desencarnados vigilantes torna-se essencial para o êxito de qualquer Espírito comprometido com a Verdade.

Ante a pausa, que se fez espontânea, Petitinga concluiu:

— *Conheço inúmeros casos de trabalhadores da seara espírita que, por mérito uns e por necessidade, outros, de não mais se complicarem, foram retirados do casulo carnal, a fim de prosseguirem mais tarde, quando as circunstâncias assim o permitissem.*

Não estando predeterminada com fixidez a data da desencarnação, podem os técnicos espirituais postergar-lhe ou antecipar-lhe a ocorrência, depois de minuciosa análise dos fatores que sejam levados em conta para a operação. Recordemo-nos que a ordem de libertação de nossa irmã Lucinda veio de Mais-alto, através da veneranda sogra, encarregada de conduzi-la ao novo pouso.

Assim como as providências para a viagem ao orbe terrestre obedecem a uma programação correspondente, o retorno igualmente atende a interesses relevantes.

Prolongamos as conversações edificantes, entretecendo considerações em torno de diversos vultos históricos, principalmente alguns que se tornaram verdugos da sociedade e não tiveram a existência interrompida, quando indaguei ao mestre Petitinga:

— *Por que esses sicários da Humanidade, quando não expulsos do poder pelos movimentos revolucionários ou pela morte, têm a existência física prolongada, como tem ocorrido em ditaduras perversas e governos arbitrários?*

O amigo sorriu, simpático, e respondeu-me:

— *A Península Ibérica foi exemplo disso, não há muito, como outros povos submetidos a injunções políticas iníquas, nas quais a liberdade teve as asas cortadas, impedida de voar... Essa ocorrência justifica-se e prolonga-se porque dela se derivam benefícios não identificados de imediato. Ninguém tem o direito, porém, de tomar nas mãos a clava da Justiça, de infligir sofrimentos a outrem, de castigar a sociedade desatenta, porque os Divinos Códigos dispõem de recursos próprios para promover o avanço do ser humano em si mesmo, bem como do grupo em que se encontra. Todavia, considere-se que, muitos desses desalmados usurpadores do poder, que vêm repetindo os desmandos através dos tempos, são trazidos à Terra para terem nova oportunidade de amar e servir, reabilitando-se dos crimes transatos. Porque não consigam a transformação e optem pelos escusos caminhos do crime e da perversidade, tornam-se, sem dar-se conta, instrumentos da vida, para que o progresso ocorra pelo sofrimento das massas, que assim resgatam os seus gravames, enquanto eles mais complicam a própria situação...*

O ódio que geram é absorvido e assimilado, tornando-os piores no comportamento e mais vigorosos nas atividades insanas. Mas não escapam ao inevitável retorno.

Entre os dois mundos

Quando a vida for considerada como a do Espírito sem as roupagens físicas, sendo o corpo, no entanto, valioso instrumento para a conquista de valores intelecto-morais, as reflexões a seu respeito serão realizadas de maneira correta, colocando-se o mundo dos efeitos em plano secundário e cuidando-se das causas, que devem sempre ser vivenciadas com elevação, das quais se derivam os resultados que se refletem na organização física.

A edificante conversação tomou-nos um par de horas abençoadas, ensejando-nos material para maturação e aprendizado.

Ainda interessado na irmã Lucinda, indaguei ao amigo Germano se poderíamos visitá-la na câmara de repouso em que se encontrava.

Muito bem-humorado, o amigo anuiu com prazer e os demais companheiros resolveram seguir conosco, dominados por sentimentos elevados.

Encontramo-la em repouso, assistida por enfermeiros dedicados de nosso plano, que a acompanhavam com carinho filial, atentos a qualquer ocorrência.

Nesse momento, tivemos a imensa alegria de ver chegar a elevada benfeitora que a trouxera de volta à Espiritualidade.

Saudou-nos, afetuosa, e agradeceu nossa visita. Ato contínuo, convidou-nos a uma oração em favor da recém-desencarnada, a fim de facilitar-lhe a adaptação, facultando-lhe um suave despertar, que somente aconteceria alguns dias depois.

Aquiescemos, prazerosamente, e todos elevamos os pensamentos às Esferas sublimes, rogando o auxílio dos Céus à viajante vitoriosa após a sua jornada coroada de bênçãos, decorrentes do sofrimento e da resignação, do dever retamente cumprido e do perdão.

Ficamos algum tempo, o suficiente para expressarmos o carinho de que nos sentíamos enriquecidos, retornando ao nosso setor de atividades.

11

O FRACASSO DE LAÉRCIO

Às primeiras horas da noite, o Dr. Arquimedes comunicou-nos que teríamos nova atividade a atender, dentro da programação estabelecida.

Tratava-se de uma visita a ser feita ao irmão Laércio Urbano de Souza, que se encontrava em lamentável estado de desequilíbrio espiritual, decorrente de sucessivas situações perturbadoras.

A fim de inteirarmo-nos, pelo menos parcialmente, do problema em pauta, explicou-nos:

– *Laércio é o exemplo típico do fracasso que decorre da invigilância. Portador de títulos de respeitabilidade, encontra-se dominado por pertinaz obsessão que o consome a largos passos.*

Logo depois que a mensagem do Consolador encontrou ressonância no mundo, inúmeros Espíritos que haviam delinquido, no passado, nas fileiras do Cristianismo, ora arrependidos e encorajados pelas possibilidades de serviço iluminativo, solicitaram a reencarnação com o objetivo de reparar os graves delitos, trabalhando em prol da construção da nova sociedade. Entre eles, na segunda década do século XX, destaca-se o nosso irmão Laércio. Advertido quanto aos perigos do empreendimento que desejava desenvolver, especialmente na divulgação do Espiritismo, através de cujo desempenho se libertaria dos clamorosos erros, retornou ao proscênio terrestre com valiosos recursos de inteligência e de discernimento, bem como acolitado por outros Espíritos que se lhe vinculavam, de modo que, juntos, pudessem liberar-se das terríveis flagelações que impuseram a não pequeno número de vidas.

Eram-lhes exigidas muita renúncia e humildade, de modo que enfrentassem os adversários de ambos os planos, físico e espiritual, com bondade e misericórdia, acima de tudo superando as tendências maléficas ainda vigentes nas heranças emocionais.

Remanesciam suas complexas perturbações dos já longínquos dias do período de Catarina de Médicis, na França, particularmente antes, durante e depois da terrível noite de 23 para 24 de agosto de 1572, denominada como de São Bartolomeu. Vinculado pessoalmente a Carlos IX, um dos três últimos reis Valois da França, filho de Catarina, desempenhou papel relevante na grande matança. Carlos IX era portador de caráter débil e atormentado. Embora católico, era muito influenciado pelo almirante Gaspar de Coligny, um dos nobres líderes protestantes huguenotes. Sua mãe, descendente dos Médicis, de Florença, era ambiciosa e temerária, e durante as lutas religiosas tergiversou entre a conciliação e a ação, desencadeando as sucessivas ondas de assassinatos, nos conflitos religiosos que arrebataram mais de 50.000 vidas no território francês.

Apesar de justificar os massacres que provocara, como em defesa da fé religiosa, esses não se fundamentavam exatamente na necessidade de preservar a religião professada, que se encontrava algo abalada no país, ante o avanço do pensamento calvinista ou huguenote. A terrível matança resultou de um golpe muito bem urdido, de um lado inspirado pela duquesa de Nemours e seu filho Francisco de Lorena, duque de Guise, por outro, como desforço pelo destaque de seu genro Henrique de Navarra, casado com sua filha Margarida, aproveitando a presença dos protestantes em Paris para a cerimônia matrimonial. Igualmente era uma forma de livrar-se do célebre almirante que reconhecidamente exercia grande influência pessoal sobre o seu atormentado filho Carlos IX.

A palavra do amigo tornara-se comedida e calma, denunciando a inominável tragédia, de cujos danosos efeitos milhares de Espíritos envolvidos ainda sofrem as consequências desastrosas.

Mantendo-nos presos nas informações, prosseguiu, aclarando-nos:

— *O nosso atual Laércio esteve envolvido com o crime generalizado, naqueles dias, na condição de amigo destacado, repetimos, do aturdido Carlos IX. Envolveu-se em lutas acerbas e vergonhosas, fingindo defender a fé religiosa e a* flor-de-lis, *símbolo da monarquia francesa. Dissoluto e venal, aproveitou-se da loucura coletiva que invadiu o Palácio das Tulherias, em Paris, a fim de beneficiar-se, adquirindo prestígio e poder, ao lado dos aturdidos governantes.*

A morte, porém, que a todos convoca à horizontalidade do corpo no solo das necrópoles, arrebatou-os, um a um, enquanto os lamentos e gritos das vítimas, por muitos anos apavoraram os habitantes do palácio que ficara macabro, aguardando os seus algozes além das fronteiras de cinza do corpo físico.

Quando François-Piérre desencarnou, pois esse era o seu nome, foi recebido num horrendo espetáculo de vingança, organizado pelos seus inimigos igualmente impiedosos, que lhe dilaceraram todas as esperanças e alegrias, por longo período, até que a oração sincera e a intercessão de benfeitores misericordiosos arrancaram-no dos lôbregos abismos nos quais se encontrava, trazendo-o à reencarnação expurgadora, que se repetiria nos três séculos seguintes.

Recuperando parte dos gravames, começou o processo de conscientização de si mesmo, resolvendo-se por socorrer aqueles que antes o martirizaram, suas vítimas pretéritas, na condição de médico generoso e devotado. Por fim, candidatou-se ao retorno, nesta hora de verdadeiro renascimento do Evangelho, ao lado de outros abnegados amigos que pretendiam reabilitar, mediante os próprios exemplos, a palavra de Jesus, por diversos séculos deturpada e vilipendiada.

Vinculado à esposa daqueles dias de loucura, a companheira seguiu-o depois, a fim de partilhar das lutas que seriam travadas, bem como dois filhos aos quais deveria erguer com sacrifícios e abnegação.

Em face da palavra brilhante e do raciocínio lúcido de que era portador, dedicar-se-ia à exposição da Doutrina Espírita no seu tríplice aspecto, enfatizando mais a parte moral-religiosa, erguendo-se e alçando aqueles que se encontravam no vale das aflições por sua responsabilidade ou não, aos páramos do amor e da renovação interior.

Novamente interrompeu o fluxo da narração, de modo que pudéssemos absorver as informações e entender as ocorrências do malogro, dando continuidade:

– *Renasceu com excelentes possibilidades de êxito, aquinhoado com um corpo saudável e simpática aparência, havendo-se revelado um pensador exímio, que se dedicou ao magistério superior. Educando as novas gerações, estaria contribuindo em favor de uma sociedade melhor e mais justa.*

Entre os dois mundos

Tocado pelos fenômenos mediúnicos de que era instrumento a esposa, logo após o matrimônio passou a estudar a Codificação Espírita, sentindo-se arrebatado pela justeza de conteúdos científicos, filosóficos, morais e religiosos, tornando-se muito lúcido expositor das suas lições. De voz agradável e raciocínio brilhante, as suas concorridas palestras e oportunos discursos sensibilizavam os ouvintes, que se sentiam comprometidos com a transformação moral de que tinham imperiosa necessidade.

Nesse ínterim, aproximou-se de nobre medianeiro das verdades espirituais, que contribuía com elevada conduta e informações relevantes em favor do desdobramento e atualização da Doutrina Espírita, mergulhando a mente e o sentimento nas páginas luminosas de que aquele era intermediário. Os laços afetivos tornaram-se muito vigorosos entre ambos, num restaurar da amizade que se iniciara no período Médicis, quando o citado mediador igualmente estivera junto à corte, sem envolvimento, porém, na tragédia ignominiosa. Numa das memoráveis reuniões de esclarecimento mediúnico, foi ele informado a respeito das graves tarefas que deveria desenvolver na Terra, dos perigos ingentes que o cercavam e à família, em razão dos acontecimentos anteriores, que lhe foram relatados com riqueza de detalhes. Não poderia nem deveria falhar, consciente que estava da oportunidade incomum da reencarnação, em cujas malhas conseguiria a reabilitação, com testemunhos, sem dúvida, e com muitos necessários sacrifícios.

O nosso irmão Laércio aceitou a invitação do Além e pôs-se na lide com toda a força da vontade rígida. Essa mesma vontade, quase férrea, seria um dos empecilhos à sua vitória, porque o fazia intransigente, intolerante em relação às faltas alheias, severo em demasia no lar e com os amigos, *tornando-se, não poucas vezes, uma presença desagradável, quando não temida...*

O seu futuro, entretanto, desenhava-se rico de bênçãos, caso vencesse as tentações sexuais, a ânsia de poder, remanescentes das experiências caprichosas do ontem recuado. O Evangelho deveria ser-lhe o estímulo para prosseguir, mas também a cartilha disciplinadora dos impulsos doentios que o fragilizavam...

Neste momento, porém, encontra-se exausto e revoltado, o trabalhador que abandonou a charrua no campo, retirou-se do combate e experimenta incomum sofrimento. A oração perdeu o brilho nos lábios e na emoção, recusando-se a fazê-la e a receber a conveniente ajuda espiritual. Isto, porque tombou em vergonhosa cilada preparada pelos inimigos, não se perdoando a falência...

Visitemos, portanto, o nosso amigo e irmão sucumbido.

Enquanto nos deslocávamos no rumo da residência de Laércio, eu conjecturava que muitos companheiros de luta anelam por conhecer o passado espiritual, os erros praticados e os meios de reabilitação. Não obstante, embora cientificados, transcorridos os momentos do entusiasmo da revelação, voltam à mesma condição de conflitos e de temores, de fragilidade e indiferença ante os deveres graves, permitindo-se a instalação de transtornos psicológicos e obsessivos lamentáveis. Aquele Espírito, que possuía os melhores recursos para o triunfo, encontrava-se agora em triste situação, como decorrência da fraqueza moral ante os desafios que não soube ou não quis enfrentar. Automaticamente, revi-me no trajeto corporal anterior e comovi-me, considerando como é fácil cair, comprometer-se, e quanto áspero é o processo de ascensão. Envolvi o enfermo

Entre os dois mundos

espiritual em vibrações de paz, sem atrever-me a qualquer tipo de consideração que lhe diminuísse o valor moral conquistado a duras penas.

Quando chegamos, fomos surpreendidos pela presença de inúmeras Entidades ociosas que ali se acoitavam, de ferrenhos inimigos pessoais do nosso paciente, da psicosfera carregada de fluidos deletérios e de vibriões mentais que empestavam o ar.

Sucumbido, em uma *cadeira do papai*, envelhecido e recurvado, o candidato à restauração do bem se apresentava quase vencido.

O mentor solicitou-nos aos quatro que trabalhássemos na mudança psíquica do ambiente, retirando os Espíritos exploradores e perniciosos que ali se agasalhavam, removendo as pesadas cargas de energia envenenada, que foram acumuladas nos últimos anos pelas mentes vadias em sintonia com o residente, a fim de tornar mais respirável o clima doméstico.

Quase que imantados ao seu corpo físico, dois Espíritos, vulgar um e cruel outro, exploravam-lhe as débeis energias. O paciente não percebeu a nossa presença, o mesmo ocorrendo com os seus usurpadores de forças.

Demos início à limpeza ambiental, combatendo as densas camadas fluídicas com energias especiais que sabíamos movimentar, conseguindo que alguns dos vagabundos espirituais debandassem em algazarra, logo que perceberam a nossa ação em conjunto. Permaneceram ainda alguns ociosos, *habitués* do domicílio e aqueles que constituíam elementos perigosos hospedados mentalmente pelo irmão Laércio.

O Dr. Arquimedes convidou Germano, que também houvera sido médico em sua última jornada terrestre, a que examinasse o paciente. Após alguns minutos de cuidadosa observação, o nosso companheiro concluiu pelo diagnóstico da enfermidade desgastante que o consumia, ao lado da exploração das energias de que era vítima pelos desencarnados exploradores.

– *Trata-se de uma neoplasia maligna da próstata* – disse, lentamente – *com metástase quase generalizada. O processo vem-se agravando há mais de dez meses, considerando-se a área orgânica invadida pelas células degeneradas. Uma cirurgia, em momento próprio, tendo-se em vista o progresso da Medicina nesse campo, e o teria liberado do mal que ora o consome.*

– *Concordo plenamente com o amigo* – anuiu o mentor.

– *O irmão Laércio deixou-se arrastar pelo sexo indisciplinado, desrespeitando o lar que lhe era sagrado, quando se encontrava no auge da programação espiritual. Seus inimigos, que lhe conheciam a debilidade moral, impossibilitados de arrastá-lo à queda, aproximaram do seu lar uma parenta portadora de muita beleza física e sensualidade, que experimentava dificuldades matrimoniais, recentemente abandonada pelo consorte. Insinuante e dependente das sensações do sexo malconduzido, procurou apoio dos familiares, recebendo orientação e palavras de conforto. Inspirada, porém, pelos adversários do trabalhador espírita, passou a acalentar desejos lascivos em relação a ele e, pouco tempo depois, terminou por arrastá-lo ao leito do adultério, embora a confiança que em ambos depositava a esposa fiel.*

Enredado nos fluidos do desejo, hipnotizado pelo prazer e fascinado pelo gozo, ele entregou-se à luxúria e ao conforto que ela podia proporcionar-lhe, fugindo ao convívio da família, onde não mais parecia encontrar bem-estar ou alegria.

Entre os dois mundos

Prosseguiu na farsa de abordar temas morais, sem condições íntimas para fazê-lo.

Passados, porém, os primeiros tempos de desequilíbrio, distante da família e sentindo-se perdido, resolveu-se pela separação legal da esposa, e depois, da infeliz companheira que o arrastou ao tombo, passando a cultivar pensamentos perturbadores, telementalizado pelo adversário soez que o espreitava.

Lentamente foi sendo vencido, sentindo-se indigno de prosseguir na tribuna e na imprensa com a sua contribuição, mantendo somente os compromissos como educador desestimulado, a fim de atender aos impositivos da lei junto aos familiares, desaparecendo de circulação...

Atualmente, em face da consciência de culpa que ajudou o processo de desencadeamento do câncer prostático, totalmente subjugado, pensa fugir do corpo através do famigerado suicídio.

O guia manteve-se em silêncio, contemplando o companheiro que se deixou vencer pelos desafios da experiência evolutiva para os quais fora preparado.

Nenhuma jornada está isenta de dificuldades, de empecilhos, de tropeços.

A queda é natural, mas o soerguimento é impositivo da marcha e Espírito algum pode permitir-se o luxo de desistir, porém, continuar tentando, de todas as formas possíveis, a realização dos compromissos libertadores.

Estava meditando sobre a dificuldade enfrentada pelo irmão vitimado em si mesmo, quando Dr. Arquimedes convidou-nos à ação:

— *Não há tempo a perder. Utilizemo-nos da debilidade orgânica e emocional do nosso Laércio e desloquemo-lo daqui, com os seus sequazes, conduzindo-os ao nosso acampamento.*

12

TERAPIA DESOBSESSIVA

O Dr. Arquimedes examinou detidamente o enfermo sob a cruel obsessão corporal e compreendeu que a sua remoção era mais viável sob o parcial desdobramento pelo sono, o que se propôs produzir mediante indução hipnótica, a cargo do amigo Germano que, convidado a operar, prontificou-se de boa mente, aplicando-lhe energias no *chakra* cerebral, entorpecendo-lhe a consciência a pouco e pouco.

Percebi que a sua agitação mental cedeu lugar à calma, enquanto era delicadamente desdobrado da organização somática.

O adversário implacável detectou a operação por experimentar as ondas psíquicas do magnetizador, mas não teve tempo de opor-lhe resistência.

A imantação com o seu hospedeiro fazia-se tão completa que um assimilava as emoções do outro em intercâmbio contínuo.

A outra Entidade, porque frívola e aproveitadora, foi afastada através de choques aplicados pelo nosso mentor, desligando-se do aparelho genésico do paciente, que lhe sofria a injunção covarde.

A seguir, fomos convidados a fixar o pensamento no obsidiado e no seu obsessor, formando um grupo interligado, e sob o comando do Dr. Arquimedes deslocamo-nos da residência em direção do núcleo de atividades, utilizando-nos do recurso valioso da volitação.

Em ali chegando, o paciente foi colocado sobre uma cama de campanha, muito simples, enquanto o seu verdugo permaneceu amparado e em sono profundo.

– *Necessitamos de recolhimento e oração* – esclareceu o psiquiatra operoso.

Ele próprio, sob forte emoção, suplicou o divino auxílio em exoração fervorosa, cuja resposta fez-se imediata, através de um jorro de suave luz de cor alaranjada, procedente do Alto, que a todos nos envolveu completamente.

Petitinga foi convidado à doutrinação do inimigo desencarnado.

Fazia-se necessária a autoridade moral para dialogar com o rebelde, e o nobre companheiro de lide espiritista possuía-a em elevado nível.

Enquanto Germano libertava o indigitado perseguidor do transe hipnótico, ele recuperou a consciência e, identificando o círculo composto por Espíritos lúcidos que lhe limitariam os movimentos, explodiu, colérico:

– *Não posso concordar com a covarde situação em que me encontro exposto.*

...E rilhando os dentes, com acentuado desprezo, pronunciou:

– *Então, o traidor e estúpido tirano dispõe de uma coorte de anjos que acorre a salvá-lo, como antes possuía um séquito de infames que o defendiam?! Afinal, no momento, indago: defendê-lo de quê ou de quem? Por certo, não será dele mesmo a*

Entre os dois mundos

culpa, já que malogrou por sua própria vontade, sendo indigno e ingrato?... De nós outros, é inútil, porque o assessoramos e fomos por ele mesmo hospedados. Somos semelhantes e, graças a essa identidade moral, confundimo-nos, um no outro.

...E estrugiu uma gargalhada sardônica.

O doutrinador, profundamente concentrado, não exteriorizou qualquer emoção, considerando, gentil:

— *É certo que o amigo está consciente que não formamos uma coorte celeste, mas constituímos, sim, um grupo de irmãos interessados no bem em favor do próximo, que podem ser o amigo revoltado e o paciente sob sua terrível subjugação, ambos enfermos, em avançado estado de sofrimento, no entanto, recuperáveis.*

— *Sofrimento, em mim?!* — inquiriu, zombeteiro. — *Não me faça rir, pois que me sinto feliz e saudável, comprazendo-me em impor-lhe desespero, enquanto fruo o gozo da vingança que venho perseguindo há largo tempo.*

— *A vingança, meu amigo* — redarguiu-lhe, sem afetação —, *é enfermidade da alma, portadora de grande perigo para aquele que se lhe submete. À semelhança da oxidação, da ferrugem que corrói o metal e o esmigalha com o tempo, instala-se nos tecidos sutis da mente e termina por destroçá-los, conforme lhe vem sucedendo.*

Os séculos de aflição ainda não lhe bastam para entender que somente o amor e o perdão libertam? O companheiro alega a afinidade que vige entre ambos, o que é legítimo. Lamentável, somente, que a sua aparente vítima prossegue infelicitando-o, enquanto você supõe o contrário. Note que ele, nosso François-Piérre, embora desorientado, não o identifica, conquanto você não consiga afastar-se dele, o que significa um prosseguimento de estado de vítima inerme, por permanecer imantado aos disparates por ele cometidos...

Você nutre-se das suas energias e tornou-se-lhe um parasita psicofísico, nisso comprazendo-se e dependendo desse alimento. A hospedagem, porém, está perto de extinguir-se ante a próxima consumpção orgânica pela morte que dele se acerca, separando-os mesmo que contra a sua vontade.

– Nunca seremos separados! – bradou, excitado. *– Cinco séculos de misérias e aflições não podem ser encerrados a passe de mágica nem de mentira. Você citou o nome do cretino, aquele que ostentava, nos longínquos dias de 1572, quando suas atrocidades ceifaram inúmeras existências. Poderá então avaliar a eternidade das minhas penas. Sou-lhe vítima indefesa, como outras centenas, desde a hedionda noite de 23 para 24 de agosto, prosseguindo por muitos anos de interrupção e retorno do mal, sempre dolorosos. Morri e renasci várias vezes, num labirinto de ódio e de perseguição, que somente me tem enlouquecido no propósito em que me detenho, que é extingui-lo.*

– Você sabe, tanto quanto eu, que isso é impossível. Não há como extinguir a vida, que jamais cessa. Por mais que seja retardada a sua manifestação, ela irrompe sobranceira, dando continuidade ao seu curso.

– Reconheço que tem razão, infelizmente. No entanto, desejo explicar, que nesta sua miseranda experiência carnal, ele estava preparando-se para fugir de mim, mudando de plano mental, mas eu consegui puxá-lo para o meu nível, graças à sua pusilanimidade e vilania.

A minha mente, fixada na sua, criou raízes vibratórias muito fortes, facultando circular as ondas de energia que emito pelos seus neurônios e sistema nervoso, permitindo-me pensar nele e receber o ricochetear do seu pensamento em mim. Somos interdependentes agora, não havendo possibilidade de liberar um sem causar danos irreversíveis no outro.

Se tentar arrancar os meus tentáculos psíquicos da sua miserável usina mental, ele enlouquecerá imediatamente, além do que já se encontra. Não há, portanto, alternativa. O socorro, que ele não merece, chega tarde demais.

— *Não duvidamos das suas informações, antes cremos e respeitamo-las. Sucede, porém, que Laércio, meu e seu irmão, está encerrando a jornada terrestre em data prevista para próximo período. A nossa preocupação é com você, que será arrastado para a situação deplorável a que ele se atirará. Nossa compaixão por ambos, ante a impossibilidade de socorrê-los igualmente, elege você para ser feliz desde agora, enquanto ele o será mais tarde, bem depois...*

Não discutiremos, argumentando com lições que você conhece de sobejo. Soou o momento no qual, com o seu consentimento ou sem ele, a Divindade irá interferir, liberando-os, um do outro, responsáveis que são pelos padecimentos que se têm infligido. É conveniente que você se resolva pela conquista da paz, do progresso, avançando para o futuro, desamarrando-se do passado inditoso.

— *Nenhuma força conseguirá libertá-lo de mim!*

— *Engana-se! Advertimo-lo de que há leis que se encontram acima das nossas paixões e que nos comandam. Aproveite este momento ou descambará em abismos de sombras onde rebolcará inconsolável por tempo indeterminado.*

A psicosfera ambiental fazia-se vigorosa ante as ondas sucessivas de vibrações que vertiam da Esfera superior.

Fascículos de luz desciam sobre nós e eram percebidos, sentidos pelo vingador estupefacto e irredutível.

Nesse momento, orientado pelo mentor, Germano despertou o obsidiado, que após alguns segundos percebeu o que estava acontecendo à sua volta, sendo acometido por pranto convulsivo, represado no imo há mais de dois decênios...

Trêmulo e esgotado, parecia estar a um passo da loucura total, quando Petitinga dirigiu-lhe a palavra, convocando-o ao equilíbrio:

– *É o despertar doloroso da consciência, meu irmão. Controle a emoção e esqueça as mágoas de si mesmo, a fim de beneficiar-se deste raro momento de elevação espiritual de que participa.*

Sob a ação das contínuas ondas de energia balsâmica, derramando-se no ambiente saturado de amor e compaixão que lhe eram dirigidos por todos nós, ele asserenou-se.

Petitinga tocou-lhe o *chakra* cerebral, impondo-lhe com energia e doçura:

– *François-Piérre, recorde-se do dia 25 de agosto de 1572, após desencadeado o hediondo massacre dos huguenotes e inimigos, reais ou imaginários, da rainha de França... Recorde-se da câmara privada de Carlos IX, histérico pelo medo e pela sede de mais sangue... Recorde-se... Volte ao passado...*

O paciente, tomado de angústia indefinível, gritou, estentórico:

– *Recordo-me! Revejo-me ao lado do desvairado monarca, rindo e chorando, pedindo mais sangue, mais vidas para o hediondo festival da agonia...*

– *Pois bem, nessa oportunidade* – comentou Petitinga –, *o seu foi um desempenho fatídico, antes iniciado com a conivência aos comportamentos insanos do filho de Catarina, prosseguindo na sanha da destruição de vidas, por nada que tivesse significado, senão ambição e desgraça.*

O tempo que transcorreu não passou, porquanto existe apenas em forma de prolongamento no que denominamos como hoje. Aqui está uma das suas muitas vítimas, que prossegue aferrada ao desforço.

Trata-se de Jean-Jacques de Villiers. Recorda-se?!

O Espírito expressou uma fácies de tal horror que o transfigurou completamente.

Não conseguiu repetir o nome embora o tentasse.

— *Jesus programou este momento para que seja encerrado este capítulo desditoso de suas vidas, que se alonga desnecessariamente pelo tempo sem fim...*

— *Não me fale em Jesus* — replicou o infeliz. — *Não sou digno d'Ele. Traí-O novamente, como o fizera antes, mais de uma vez, covardemente...*

— *Reconhece-o, bandido?* — gritou-lhe o adversário vigoroso.

— *Voltei a traí-lO miseravelmente, após prometer-Lhe fidelidade, quando muito foi investido em minha recuperação. Agora devo consumir-me na minha total desventura.*

O insano inimigo prosseguiu desacatando-o com doestos e acusações sucessivas, mas o doutrinador, sem preocupar-se com a sua alucinação, expôs ao atormentado:

— *Ele enviou-nos por amor a vocês ambos. Agora soa o seu momento de iniciar a caminhada para a redenção. Nunca é tarde! Sempre surge oportunidade ensejando recuperação. Não tergiverse outra vez, malbaratando a ocasião cuidadosamente preparada para a mudança de rumo na conduta que o assinala.*

Transido de angústia e estupor, François-Piérre atirou-se aos pés da sua antiga vítima, suplicando-lhe, em pranto comovedor:

— *Se não te for possível perdoar-me todo o mal que te fiz, pois reconheço que não o mereço, pelo menos tem misericórdia de mim.*

— *Sim* — revidou com o semblante patibular, no qual o ódio desenhou a máscara de frieza e crueldade —, *terei a mesma que me foi aplicada, quando me mandaste empalar, miserável, sem que eu houvesse cometido crime algum, na sórdida prisão em que fui atirado. Não me escaparás, pensando em sensibilizar-me com lágrimas de hipocrisia e de medo. Este é o teu momento de chorar, como aquele foi o meu de ser assassinado. A piedade que tiveste para comigo eu a devolverei, sentimento a sentimento...*

O rosto enrubescera de cólera e todo ele tremia. Podia-se notar-lhe os tentáculos constituídos pelas vibrações de rancor que se exteriorizavam do seu cérebro perispiritual fixados no do paciente...

Eram fios tênues, elaborados pelas energias carregadas de sucessivas irradiações de vingança, uns exteriorizando cores quentes, que denotavam o vigor pernicioso, e outros escuros, densos, como se fossem de tecidos materiais...

Embora separados, o obsidiado experimentava os choques produzidos pelo volume do ressentimento emitidos pelo seu adversário, abalando-o e desorientando-o.

O vigilante instrutor aproximou-se mais de Laércio e começou a entorpecê-lo com passes específicos, enquanto Petitinga dialogava com o seu verdugo.

Poucos momentos transcorridos e o paciente voltou a dormir, estorcegando em convulsões semelhantes às produzidas pela epilepsia, que eram resultado das descargas

Entre os dois mundos

vibratórias produzidas pelo antagonista consciente do que proporcionava.

– *Teremos que proceder a uma cirurgia perispiritual em nosso enfermo* – transmitiu-nos mentalmente o orientador – *logo após encerrada a doutrinação de Jean-Jacques.*

– *O miserável esconde-se no sono para fugir-me* – bradou o desditoso inimigo. – *Sempre que defrontado com a verdade, ele se evade, mantendo-se introspectivo, em silêncio de amargura e de revolta. Mas isso não lhe servirá de escusa para impossibilitar-me a conclusão da minha empresa de vingança.*

– *É lamentável que um ser lúcido, como o amigo* – ripostou, com serenidade, o doutrinador –, *permaneça em situação lastimável de desforço, esquecido de si mesmo. Quando a loucura do ódio se apossa do Espírito anula-lhe o discernimento, que desperta oportunamente, gerando aflição inominável.*

Não se trata de concordar com as atrocidades por ele praticadas, mas sim de urgente necessidade em favor da sua autoiluminação. Como você se referiu, foram muitos aqueles que lhe experimentaram o guante destruidor. Onde estão, neste momento, essas vítimas?! Tomadas por inspiração de sabedoria, livraram-se daquele que as infelicitou e agora rumam para o Infinito, desenhando uma trajetória de paz para si mesmas. Não é crível que seja a sua uma dor maior do que a deles. Reflexione sobre isso.

– *Cada um experimenta o sofrimento conforme sua capacidade de resistência, e a minha não é grande. Acalentei o desejo de vingança por longos anos que pareciam não ter fim. Somente nos últimos decênios é que me tem sido permitida a satisfação de concretizar os meus planos de cobrança. Não é fácil desistir de um programa deste quilate de um para outro instante. O ódio que lhe devoto e a ânsia de vê-lo derreado, totalmente vencido, são-me tão ensandecedores, que me comburem, transformando-se na razão única do meu existir.*

À medida que expressava o seu desespero, ao invés de produzir-nos revolta, causou-nos profunda compaixão. Os que participávamos da terapia socorrista experimentamos um sentimento de imensa ternura pelo infeliz, por imaginar o que houvera sofrido durante o suplício da empalação.

Como se houvesse captado o nosso pensamento, o desditoso Espírito adiu às suas justificações:

— *Eu seria até capaz de perdoar o infame, caso a mim somente houvesse tornado desditoso... O hediondo criminoso mandou violar a minha mulher diante de mim, enjaulado e enfurecido, pela soldadesca a seu serviço, enquanto, indiferente, tomando vinho e comendo queijo fétido, sorria. Não poupou os meus dois filhinhos inocentes, acusados de pertencerem ao calvinismo, que zombeteiramente os católicos denominavam como huguenotes.*

As dores superlativas que os dilaceraram, enquanto gritavam por mim, aguardando um socorro que jamais lhes poderia propiciar, esfacelaram-me todos os sentimentos de compaixão e de misericórdia. Odiei-os, a todos os católicos, e ao desalmado prometi que, se a morte não arrebatava a vida conforme eu acreditava, enviá-lo-ia ao Inferno, mesmo que seguindo com ele...

Fez uma pausa, na angústia em que se debatia, produzindo-nos mais compaixão e entendimento sobre a sua dor. E num gesto de incomum desespero, bradou:

— *Mesmo que eu o quisesse, e não o desejo, eu simplesmente não o posso perdoar, nem sequer desculpar.*

Ante o inesperado para nós, Petitinga, como se estivesse aguardando esse grito de superlativa angústia, envolveu-o em vibrações de muita paz, mas sem deixar-se perturbar pela emoção do momento, completou:

— *Já que lhe é impossível perdoar ou desculpar, e nós o entendemos perfeitamente, deixe-o por conta do Criador, nosso Pai, que dispõe dos recursos hábeis para a aplicação da justiça, sem a necessidade de você gerar novos comprometimentos na sua execução. Da mesma forma como você foi alcançado pelos vigorosos braços da Divina Lei, convocando-o ao resgate de não menores crimes transatos, o nosso irmão também o será, no momento próprio, com a diferença que, nessa vez, não haverá algoz encarregado de exercê-la.*

O antagonista pareceu momentaneamente hebetado pela surpresa da proposta, enquanto o sábio terapeuta de desencarnados continuou:

— *Como você o disse, nasceu, morreu e renasceu vinculado ao sentimento de desforço, nele fixando-se e experimentando mais dor através dos séculos. Está demonstrado que a reencarnação é o processo especial para a reparação. Como consequência, se você persistir na ideia sumamente infeliz, volverá ao palco terrestre em sofrimentos indescritíveis, somente pela sua rebeldia ante as Leis de Deus.*

Pairava no ar uma psicosfera de harmonia produzida pela mente superior de nosso caro Dr. Arquimedes que, nesse momento — eu não o vira sair —, adentrava-se acompanhado por uma senhora de rara beleza espiritual seguida de dois outros Espíritos igualmente felizes.

Aproximaram-se do desditoso que chorava de revolta, quando Petitinga o interrogou, emocionado:

— *Reconhece os nossos visitantes, que vieram abraçá-lo?*

Jean-Jacques pareceu despertar da loucura prolongada, e totalmente transfigurado pela surpresa e pela alegria, atirou-se nos braços da Entidade aureolada de peregrina luz.

– *Chegou o momento, meu amado, de encerrarmos este capítulo infeliz da nossa história* – enunciou o nobre Espírito com um timbre de voz dulçoroso. – *Aqui estamos, as vítimas da terrível carnificina do passado, a fim de cantarmos nosso hino de gratidão ao Senhor Jesus, que nos convidou a servi-lO mediante a doação da própria vida.*

Esqueceste que aqueles que O amam devem sempre estar preparados para segui-lO pela mesma estrada de renúncia e de doação total, conforme Ele o fez em nosso benefício?! Tivemos a honra imerecida de demonstrar nosso amor incondicional àqueles que O não amavam, porque realmente não O conheciam... Todos sofremos inauditas aflições, semelhantes àquelas que arrebataram os mártires das primeiras horas da fé renovadora... A nossa é a dor que Lhe assinalou a caminhada terrestre, que transformamos em compaixão e em caridade para com aqueles que se fizeram instrumento do nosso processo de evolução.

Ama, e perdoarás com facilidade. Ama, e volveremos a estar juntos, tendo em vista que o ódio que te cega, vem-nos separando há séculos... Este é o momento sublime da nossa felicidade. Esquece o mal para manteres na mente e no coração apenas o bem que nunca se aparta de nós, em nome do Supremo Bem.

– *Perdoa-me, tu, querida!* – desabafou o infortunado. – *Eu não sabia que havíeis conseguido os Céus, tu e meus filhinhos, as vítimas mais sofredoras do crime, enquanto eu me precipitara no Inferno onde reina somente o ódio. Não imaginava que um dia, na condição de anjo do amor, virias com eles, os*

Entre os dois mundos

rebentos idolatrados daqueles dias de sombra, buscar-me no abismo em que tombei, devorado pela alucinação da vingança. Perdoa-me, e balsamiza-me o coração queimado pelas chamas terríveis do rancor que, momento a momento, mais me comburem. Agora, que vieste com os outros anjos por nímio sentimento de amor, ajudai-me todos a repousar, a superar o desespero e a avançar na retaguarda, cobrindo as vossas pegadas de luz com as minhas lágrimas de contínua aflição.

— *O amor que nos vitaliza* — explicou a visitante feliz — *ultrapassa os limites de tempo e de espaço, mantendo-nos unidos por todo o sempre, nas alegrias inefáveis e nas vicissitudes indescritíveis. Aqui estamos em nome desse amor, que herdamos de Nosso Pai e de que Jesus fez-se o Modelo mais sublime, para que a noite ceda lugar ao novo dia de esperanças e de alegrias...*

Nesse momento, as duas crianças, emocionadas, irradiando inefável ternura, abraçaram o genitor do passado, fundindo-se todos num só amplexo de indefinível amor.

— *Que fazer, Deus meu?!* — explodiu, em lágrimas copiosas, o infeliz.

— *Deixa-te conduzir pelos sábios desígnios* — concluiu a nobre Entidade —, *confiando em Nosso Pai, sem que te transformes no vingador insano, que jamais conseguirá fazer a justiça que proclamas como necessária. Estaremos contigo na longa viagem de redenção.*

Atendendo a uma solicitação mental do nosso mentor, Ângelo tocou o centro do discernimento de François-Piérre, adormecido, despertando-o para que pudesse compreender e vivenciar aquele inesquecível instante de sublimação. Embora ali presente, faltava-lhe a lucidez plena para captar em profundidade tudo quanto estava sucedendo.

Tocado pela beleza do reencontro, rememorou a infelicidade, e, tomado de sincero arrependimento, ajoelhou-se e suplicou à veneranda visitante:

– *Eu estava louco e louco prossigo. Tem também compaixão de mim, ajudando-me a sair deste vórtice que me conduz ao aniquilamento total. Sinto que é tarde demasiado para mim, após haver perdido a reencarnação. Piedade, portanto, eu suplico.*

A vítima redimida deixou o esposo por um instante e ergueu o algoz antigo, falando-lhe com incomum sentimento de compaixão:

– *Sempre há tempo para recomeçar, e este é o início de um novo processo. Levanta-te, para somente ajoelhar-te diante do Supremo Juiz que é Todo Amor. Avançaremos juntos, e em razão da Divina concessão, tu e Jean-Jacques recomeçareis juntos mais tarde a trajetória de iluminação e de liberdade.*

Abraçou o sofredor, revitalizando-lhe o Espírito combalido e volveu ao companheiro estarrecido, dizendo-lhe:

– *Recorda-te deste momento, e avança para Jesus, em cuja estrada voltaremos a encontrar-nos mil vezes, até o momento da perene união.*

Osculou o rosto suarento e banhado de lágrimas do companheiro, enquanto as crianças, igualmente envolviam-no em carinho, afastando-se suavemente e deixando claridades fulgurantes no ambiente.

Antes que ele tomasse o controle total da razão, Petitinga voltou ao diálogo:

– *Que te parece, meu irmão, a concessão divina que o Senhor te acaba de facultar?*

Jean-Jacques falou, trêmulo e tímido: – *Que Deus te conceda o perdão que eu ainda não sei oferecer-te!*

Entre os dois mundos

E tombou desfalecido.

Carinhosamente conduzido por Ângelo e Germano a uma outra cama adrede colocada no recinto, permaneceu adormecido, enquanto Laércio, o antigo verdugo, igualmente foi conduzido ao sono reparador.

Observei que os laços fluídicos que ligavam aqueles Espíritos através dos seus corpos perispirituais, haviam diminuído de intensidade.

Dr. Arquimedes convidou Germano ao delicado processo cirúrgico de extirpar do cérebro perispiritual as matrizes e, por consequência, também do físico do enfermo reencarnado, utilizando-se de instrumentos que eu desconhecia, que me faziam lembrar algumas pinças cirúrgicas, em que se fixavam os fios de energia perniciosa. O tratamento libertador prolongou-se por alguns minutos e, à medida que eram liberados os condutos psíquicos do ódio, eles se desfaziam, ao tempo em que eram absorvidos para o interior da mente do desencarnado.

Ambos os pacientes espirituais, de quando em quando experimentavam frêmitos decorrentes da separação psíquica pelas energias que antes os fixavam um ao outro.

Laércio parecia mais enfraquecido, porque, de alguma forma, o fluxo vibratório que absorvia, embora de qualidade perturbadora, sustentava-lhe a própria energia. Enquanto isso, o emissor dos fluidos tóxicos apresentava-se envolto em sucessivas ondas deletérias que procediam do viciado campo mental.

Terminada a operação, coube ao amigo Germano aplicar no vingador passes dissolventes das densas cargas enfermiças, de maneira que a fonte geradora deixasse de produzi-las, conforme o automatismo que lhe fora imposto pela pertinácia do ódio...

Três horas após o início do ministério de socorro, Laércio foi levado de volta ao lar físico, onde se encontrava entorpecido pelo sono induzido, enquanto o seu adversário seria, logo depois, encaminhado à nossa colônia para o tratamento prolongado de que necessitava.

Elucidando-nos sobre a ocorrência, o mentor informou-nos com síntese:

— *Este capítulo está encerrado no seu aspecto mais grave. O tempo se encarregará de regularizar os desequilíbrios e compor novos quadros de entendimento, fraternidade e amor, obedecendo ao fatalismo da evolução.*

O irmão Petitinga foi convidado a enunciar a prece de gratidão, tornando-se um campo de irradiação luminosa que nos deslumbrou.

13

DOUTOR EMIR TIBÚRCIO REIS, O MISSIONÁRIO

Esfervilhava-me na mente um número considerável de interrogações que eu necessitava expor ao querido amigo Petitinga.

Havia sido tão inesperada a visita das três nobres Entidades, modificando completamente o estado de revolta do perseguidor, que eu não podia sopitar a curiosidade para descobrir como ocorrera o acontecimento.

Logo fomos liberados e retornamos ao acampamento; em um momento que me pareceu oportuno, indaguei ao amigo gentil:

— *Desde o começo da psicoterapia iluminativa com Jean-Jacques, que se havia pensado em apelar para a contribuição da antiga esposa e filhinhos do indigitado sofredor?*

Sorrindo suavemente, como lhe é habitual, Petitinga obtemperou:

— *Miranda, como todos recordamos, não existe acaso na divina programação que envolve o processo evolutivo de todos nós.*

O Dr. Arquimedes conhecia o drama dos dois litigantes antes mesmo de tentar auxiliá-los. Como sábio psicoterapeuta

Manoel Philomeno de Miranda / Divaldo Franco

que é, procurou identificar as causas da animosidade vigente entre ambos os combatentes, aprofundando-se no seu estudo. Assim, conhecendo a intensidade do ódio e das razões que os mantinham vinculados, recorreu à ajuda carinhosa da família de Villiers, único recurso capaz de modificar os sentimentos daquele que se sentia ultrajado, acertando, desde então, a interferência desses afetos em nosso labor socorrista no momento adequado.

– Assim sendo – voltei a indagar –, *qual a necessidade do diálogo mantido com o desesperado, desde quando já se possuía a possível solução definitiva?*

– O diálogo que mantivemos com ele – esclareceu, bondosamente – *foi muito importante, por demonstrar-lhe a necessidade da compreensão do delito do seu algoz, diluindo um pouco as fixações mentais que, embora parecessem inarredáveis, ficaram abaladas, facultando uma rápida mudança de comportamento. No íntimo, somente evocava as dores lancinantes que haviam destroçado a sua e a existência dos familiares, não permitindo espaço mental para outras reflexões, inclusive, olvidando-se de onde e de como se encontrariam na atualidade...*

O ódio é labareda que combure o discernimento, sempre mantido pela volúpia do desejo de vingança. Enquanto arde na alma, não permite espaço para mais nada, prosseguindo em combustão ininterrupta. É a loucura total do amor, que perde vitalidade e desaparece sob a voragem das suas alucinações...

Desse modo, somente um impacto decorrente do próprio amor para conseguir-se apagar de uma só vez o incêndio destruidor.

Por isso, o amor é vida, e o ódio é transitório incêndio, que embora deixe cinzas e amarguras após a sua voragem,

Entre os dois mundos

permite-se abrigar a renovação, quando o sentimento de afeto volta a ser vitalizado.

Para graves enfermidades são necessários tratamentos urgentes e de impacto. Foi o que ocorreu. Enquanto ele descambou para o ódio, em face da sua convicção religiosa ser mais formal do que real, tombando no desespero e atirando-se ao impulso da vingança, a esposa e os filhinhos, não obstante o terror da morte experimentada, logo se voltaram para Deus e para a Sua Justiça, encontrando apoio e amparo nas Esferas espirituais, de imediato recuperando-se do infortúnio. Souberam transformar o testemunho doloroso em martírio de amor, evitando-se intoxicar pela rebeldia. À medida que a lucidez tomou-lhes conta, voltaram-se para a busca do companheiro e genitor que caíra na hediondez, sem poderem fazer muito em seu benefício, por causa das dificuldades que lhes eram impostas pela monoideia cultivada pelo desarvorado. Tal fixação cerra o discernimento a qualquer possibilidade de reflexões em torno de outros pensamentos, lembranças, aspirações...

Acompanhando-o, a distância, aguardavam que soasse o momento do seu despertar, para então melhor auxiliá-lo, o que ocorreu, conforme vimos.

— Foi então necessário que transcorressem alguns séculos? E, nesse ínterim, não reencarnaram?

— Sem dúvida alguma. A reencarnação, porém, de Jean-Jacques foi tormentosa, conforme narrado anteriormente, enquanto que as dos familiares caracterizaram-se por experiências enobrecedoras que mais os fizeram crescer. Nunca devemos esquecer que o tempo real para o Espírito não é aquele medido através de fusos horários, mas, sim, o que diz respeito ao pensamento e às vivências espirituais. Eis por que a mensuração, nas emoções do amor e do ódio, é feita através das suas variantes ou

Manoel Philomeno de Miranda / Divaldo Franco

permanentes expressões adotadas. Agora, poderão visitá-lo em nossa Esfera, e certamente recorrerão a um programa reencarnatório juntos, quando as feridas do enfermo serão cicatrizadas e o amor reuni-los-á por definitivo...

A explicação lógica e profunda silenciou-me outras indagações por desnecessárias.

Transcorridas algumas horas, nas quais fruímos de justo repouso e renovação, fomos convidados a visitar um hospital psiquiátrico onde trabalhava abnegado seareiro que viera à Terra para contribuir com o seu progresso, dedicando-se com afã na área em que desenvolvia o seu ministério no socorro aos alienados mentais.

Logo nos deparamos com imensa construção, formada por diversos edifícios, envolta em vibrações de variado teor de energias. Enquanto ressumava ondas sucessivas de coloração escura exalando odores desagradáveis, era beneficiada por lampejos semelhantes aos raios que dissolviam parte da densidade, abrindo campo para que jorros de claridade multicor penetrassem nas instalações materiais.

A movimentação de encarnados e de desencarnados era muito grande.

Surpreendi-me, agradavelmente, por observar que, além dos numerosos adversários desencarnados que se misturavam com os pacientes, uns seus inimigos, outros Espíritos vadios e promíscuos que se utilizavam das circunstâncias para locupletar-se nas viciações mentais condensadas em formas agressivas e pastosas, frutos da ideoplastia enfermiça dos internados, também se encontravam infatigáveis trabalhadores de nosso plano em atividade beneficente. Eram enfermeiros cuidadosos, familiares abnegados, médicos devotados, mensageiros da saúde e do

Entre os dois mundos

amor, sustentando as estruturas morais, psíquicas e espirituais do sanatório.

Dirigimo-nos diretamente à sala do diretor, onde encontramos um moço de aproximados 30 anos de idade, simpático e jovial, concentrado em um prontuário que examinava atentamente.

– *Este é o nosso irmão Dr. Emir Tibúrcio Reis* – esclareceu o nosso orientador –, *que reencarnou com objetivos muito bem definidos, quais os de contribuir com as terapias espíritas em favor dos pacientes mentais. Havendo cursado, por longos anos, academias em nossa Esfera, dedicadas ao estudo da mente humana e das relações existentes entre o Espírito, o perispírito e as suas impressões no corpo físico, volveu ao plano terrestre com valiosas possibilidades de renovar a terapêutica existente, oferecendo oportunidades outras valiosas, que vai somando às denominadas alternativas.*

Observei que o jovem se encontrava muito bem assessorado por eminente Entidade, que se nos acercou, saudando-nos com euforia e exteriorizando grande contentamento com a nossa visita sob a direção do Dr. Arquimedes, que a conhecia e estimava.

– *Aqui está o caro Dr. Ximenes Vergara* – apresentou-nos o mentor –, *encarregado de administrar espiritualmente este complexo hospitalar e muito amigo do nosso Dr. Emir, a quem trouxe de nossa comunidade para o atual ministério a que se entrega.*

Nosso amigo e benfeitor é pioneiro, na Terra, dos estudos acerca das psicopatologias, especialmente dedicado à esquizofrenia, que esquadrinhou com cuidado quanto lhe permitiram os dias difíceis da sua última existência, no fim do século XIX e metade do XX... Naquela ocasião, dispondo apenas da

Manoel Philomeno de Miranda / Divaldo Franco

observação acurada, dos estudos empíricos do passado e dos critérios definidos por Freud, assim mesmo pôde oferecer uma grande contribuição à Ciência Psiquiátrica, auxiliando no diagnóstico, no tratamento e nos cuidados que se devem ter em relação ao paciente mental. As suas admiráveis investigações e colaboração ainda permanecem válidas na Psiquiatria e na Psicologia, especialmente no que diz respeito aos fatores da hereditariedade, da constelação familiar, do ambiente social, do estresse, entre outros significativos para o surgimento do distúrbio esquizofrênico.

O Dr. Ximenes sorriu, simpático, e esclareceu:

– A Ciência Médica ainda se depara com grandes dificuldades para a constatação e terapia apropriada para esse terrível conflito do Espírito, por avaliar somente o ser fisiológico, enquanto desconsidera aquele que é real. O nosso esforço atual consiste em chamar a atenção dos estudiosos da Psiquiatria, para que aprofundem o bisturi da investigação na psicogênese dos distúrbios mentais e comportamentais até alcançarem a alma encarcerada no corpo físico. É o que vimos fazendo nesta clínica, rompendo as comportas do classicismo acadêmico, de forma que sejam gerados espaços para os valiosos contributos espirituais.

Nesse momento, uma enfermeira adentrou-se na sala e convidou o Dr. Emir a atender um paciente que fora vítima de uma crise de agressividade, embora estivesse sob cuidadosa terapia química de controle.

Convidados pelo Dr. Ximenes, que conhecia o enfermo e a sua problemática, acompanhamos o médico e a auxiliar até um quarto, no qual nos deparamos com um jovem vestido em camisa de força, que esbravejava com o olhar esgazeado, totalmente transtornado.

Entre os dois mundos

Ao identificar o psiquiatra, pôs-se a rir e a zombar dos seus recursos, que não conseguiam modificar-lhe o quadro.

Muito calmo, o jovem médico aproximou-se e falou-lhe com voz pausada:

— *É claro que os recursos médicos não chegam até o sofrido irmão espiritual, que se utiliza do paciente para mais afligi-lo. Nada obstante, cooperam para o refazimento das áreas cerebrais afetadas pela conduta infeliz que ele próprio manteve no passado e de que o amigo desencarnado se utiliza para mais o infelicitar.*

Colhido de surpresa, o perturbador espiritual descarregou:

— *Essa não é a sua área, não lhe sendo permitido, portanto, adentrar-se em campo que não lhe pertence.*

— *É o que o amigo pensa. Não existem campos específicos, quando a dor se estabelece em qualquer criatura, especialmente no ser humano. O Amor de Deus está presente em toda parte e é esse amor que nos induz a compreender-lhe a perseguição cruel e insana que desencadeia contra nosso irmão, já, em si mesmo, infeliz.*

— *Infeliz sou eu que ainda padeço as consequências do mal que ele me impôs injustamente.*

— *Estou de pleno acordo com parte da sua conclusão. No que se refere à aflição injusta, a informação é destituída de fundamento, porque nada ocorre sem que haja uma causa anterior que o desencadeie. Quanto ao amigo ser infeliz, isto sucede somente porque lhe apraz, já que a Divindade nos concede a terapêutica do amor, da compaixão, do perdão, para superar os traumas e aflições de que somos vítimas. Posso dar-me conta de que, por certo, já se encontra cansado da punição que deseja aplicar naquele que o infelicitou, parecendo-me chegado o momento da sua própria libertação, não é verdade?*

– E se for verdade? Este meu comportamento, deixando--o por conta própria, em nada lhe modificará o quadro de desventura, porque ele é o responsável único pelo destrambelho que impôs ao cérebro desorganizado de que não se poderá utilizar de maneira útil.

– Talvez você tenha razão. Sucede, porém, que não lhe cabe analisar os resultados da ação que deverá tomar quanto antes, mas, sim, proceder corretamente, evitando-se aflições que não estão na sua pauta evolutiva. Havendo mudança de conduta em você, os resultados pertencem à Justiça Divina, portanto, adstritos ao programa da evolução, sem novos envolvimentos pessoais.

– Mas ele é um indigitado, um maldito verdugo que não merece amor, compaixão nem perdão.

– Não discuto os méritos ou deméritos do paciente, antes analiso a sua situação de vítima que pretende transformar-se em algoz desnecessariamente, semeando hoje altas quotas de desespero que se transformarão em tempestades aflitivas para o futuro e que desabarão sobre você mesmo. Deixá-lo, não será bom apenas para ele, mas principalmente para que seja alcançada a felicidade que você merece. Rompendo o laço do desforço, você estará livre para novos cometimentos através dos quais experienciará a harmonia interior que não tem fruído. Quanto a ele, o seu infortunado prejudicador, não fugirá de si mesmo nem da Justiça de Deus.

– Irei pensar. Não me perturbe mais com os seus argumentos insuportáveis. Irei pensar...

Ato contínuo, recebendo o auxílio espiritual do Dr. Ximenes, que estava em ação socorrista e telecomandando o

Entre os dois mundos

raciocínio do jovem psiquiatra, o adversário deslindou-se da incorporação tormentosa. O paciente entrou em sono profundo, como efeito da medicação que vinha tomando, das energias calmantes que recebeu e da ausência da influência perversa do seu antagonista.

– *Como vimos* – advertiu-nos o dirigente desencarnado da clínica –, *nosso paciente é vítima de pertinaz obsessão, enquanto que, por decorrência da conduta arbitrária que se permitiu, renasceu com os ferretes da esquizofrenia, de que necessita para reparar os males praticados, transtorno esse que decorre de um mosaico de sintomas e de distúrbios de outra ordem.*

Estávamos um tanto perplexos, necessitando de algumas explicações, quando vieram chamar o Dr. Emir para a conferência com os demais médicos, mantida hebdomadariamente, naquele horário, no hospital.

Dr. Ximenes convidou-nos para que seguíssemos naquela direção, porquanto para esse fim propusera a visita do nosso mentor com o grupo.

Enquanto nos dirigíamos à sala reservada para o mister, ele comentou:

– *Nem todos os médicos que colaboram nesta clínica são espíritas, como é fácil de entender-se. Por esta razão, o nosso Emir conseguiu que se reunissem, uma vez por semana, a fim de discutirem as problemáticas dos pacientes, as terapias aplicadas, os seus resultados e, de quando em quando, fosse realizado um estudo mais profundo sobre determinada psicopatologia. Hoje será examinada a esquizofrenia, sob as vertentes acadêmica e espírita pelo nosso pupilo.*

Quando chegamos ao local, o recinto era simpático, pintado em tom pérola, tendo o excesso de luminosidade solar diminuído por delicada cortina de tecido claro. Uma grande mesa, ornada por 14 cadeiras, que se encontravam ocupadas pelo que depreendi ser a equipe médica do hospital.

O Dr. Emir saudou-os jovialmente, enquanto solicitou a um auxiliar que fosse buscar o prontuário que houvera deixado sobre o seu móvel, quando fora chamado para socorrer o paciente em crise.

Atendido, sentou-se, por sua vez, à cabeceira, e após ligeiros comentários, foi iniciada a reunião sem mais delongas.

O Dr. Ximenes acercou-se-lhe, envolveu-o em fluidos enriquecedores de paz e, praticamente tomando-lhe o comando do raciocínio, facultou-lhe iniciar os estudos reservados para aquele dia.

Com simplicidade, o jovem psiquiatra entreteceu algumas considerações históricas iniciais, adindo:

– *Como recordamos, deve-se a Eugen Bleuler, o inesquecível psiquiatra suíço, o conceito sobre esquizofrenia, em 1911, que, a partir de então, foi introduzido na Psiquiatria, como uma fragmentação das funções mentais. Por sua vez, Emil Kraepelin, o psiquiatra alemão, denominou-a como uma demência precoce* (dementia praecox).

Atualmente, ambos os conceitos são considerados incorretos para muitas autoridades psiquiátricas, por considerarem tratar-se de um distúrbio muito complexo e não necessariamente de uma fragmentação das funções mentais. Dessa forma, na impossibilidade de definir-se as causas particulares, esses fatores foram sintetizados em biológicos, psicológicos e sociais, que incluem as mudanças químicas no cérebro, a hereditariedade e os fatores genéticos (perturbação neurodesenvolvimental), as alterações estruturais, a gravidez e o parto... Outros autores ainda recorrem aos fatores virais – ainda não constatados – e aos traumas encefálicos como desencadeadores do processo esquizofrênico.

Estatisticamente, observa-se que, se um dos genitores ou ambos são esquizofrênicos, a incidência de nascer um filho portador do transtorno é de 30%, demonstrando a predominância da hereditariedade no ser. Assim mesmo, outros estudiosos discordam dessa elevada estatística.

Em consequência, pela sua complexidade, são conhecidas várias formas de esquizofrenia, apresentadas em subgrupos, como: paranoide, hebefrênica e catatônica, não se ignorando as demais manifestações atípicas já identificadas no passado.

Ainda não se pôde padronizar o conceito de esquizofrenia, sendo considerada, mais modernamente, como uma síndrome, como um grupo de psicoses endógenas, resultado do mecanismo da hereditariedade, surgindo muito cedo, de acordo com o ambiente familiar, os impositivos da vida que geram desestruturação da personalidade; desestabilidade da informação e da comunicação, cujas raízes psicológicas encontram-se na pessoa e surgem quase sempre como efeito de conflitos na convivência e na conduta.

Bastante comum, muito mais do que se pensa, manifesta-se em diferentes períodos da vida física, especialmente na adolescência, tornando-se difícil de ser diagnosticada com precipitação, o que exige um cuidadoso estudo da personalidade do indivíduo, bem como do seu comportamento.

No seu início, pode apresentar-se de maneira sutil, pouco diferindo de um estado de normalidade. Igualmente, pode irromper em forma de surto característico, agressivo, perturbador.

A sua sintomatologia é muito abrangente, considerando--se entre outras manifestações: a) a perturbação do pensamento – incoerência, neologismos, vagas associações, delírio; b) distúrbios de percepção e da atenção – perturbação nas sensações do corpo, alucinações auditivas e raras visuais, despersonalização, dificuldade de escolher e de inundação de estímulos; c) perturbações motoras – conduta excêntrica e esdrúxula, variação entre a imobilidade catatônica e a hiperatividade; d) perturbações afetivas – afeto insignificante, impassível ou inadequado, ambivalente, diverso do contexto, variando entre os extremos; e) isolamento social – solitário, sem amigos, desinteresse sexual, medo de convivência com os outros...

O expositor calou-se por pouco, organizando as ideias, em razão da complexidade do tema e mais sintonizando com o mentor, logo dando continuidade:

– Existem muitas teorias para justificar o seu surgimento, tais como: a bioquímica, que considera o desequilíbrio neuroquímico como responsável pelas falhas da comunicação celular do grupo de neurônios responsáveis pelo comportamento, pela senso-percepção, pelo pensamento; a biológica molecular, que diz respeito a anomalias no padrão de células cerebrais durante a formação antes do nascimento; a genética, demonstrada pela presença do distúrbio em membros da mesma família; a do fluxo sanguíneo cerebral, que apresenta uma grande dificuldade de coordenação nas atividades entre diferentes áreas cerebrais, conforme tem sido constatado nas investigações das imagens cerebrais, quando nos mapeamentos com emissão de pósitrons; a do estresse, que se encarrega de agravar os sintomas, especialmente em pessoas que participaram de violências, como estupro, revoluções, acidentes graves, guerras, atos terroristas, assaltos; a da drogadição, que também agrava os

Entre os dois mundos

sintomas, não se podendo demonstrar por enquanto que seja responsável pela ocorrência... Outros estudos ainda analisam as consequências virais ou a remota possibilidade de um vírus da esquizofrenia, permanecendo sem qualquer confirmação.

Entre as alucinações nos esquizofrênicos, as mais comuns são as de natureza auditiva, em forma de vozes que humilham o paciente, que o xingam, depreciam, perseguem, ameaçam... Igualmente os delírios fazem parte do seu esquema de sintomas perturbadores, como manias persecutórias, através das quais alguém deseja matá-lo ou prejudicá-lo (esquizofrenia paranoide). As perturbações do pensamento também surgem gerando confusão no enfermo, que apresenta alteração da sensação do Eu, negando a própria identidade, ou que um outro ser lhe tomou o corpo e leva-o ao desequilíbrio, ou que ele não existe, ou que seu corpo é uma ilusão... (esquizofrenia desorganizada). São muito comuns, ainda, a apatia, o desinteresse, a falta de motivação para qualquer realização, abandonando-se à indiferença, inclusive em relação à higiene. Quase sempre o paciente é vítima de embotamento afetivo, porque as emoções não são mais experimentadas como anteriormente... Por fim, o isolamento social, já referido.

Seria ideal que a esquizofrenia fosse diagnosticada no seu início, o que nem sempre é factível, em razão das dificuldades de o paciente ser levado ao especialista. Em nossa clínica, por exemplo, quando o paciente nos é trazido, ei-lo em estado de desarmonia quase total, quando não vitimado pela catatonia ou pela hiperatividade, ou vítima da desorganização da personalidade.

Em razão das grandes conquistas farmacológicas na atualidade, tem-nos sido possível realizar uma terapêutica de natureza química, cujos resultados são, em alguns casos, positivos, facultando ao enfermo uma relativa possibilidade de convivência social e familiar, com as naturais recidivas, quase periódicas, que podem ser controladas com medicamentos.

A verdade, porém, é que defrontamos um fenômeno orgânico de desequilíbrio muito grave, e que cada dia apresenta maior incidência em número expressivo de criaturas humanas.

Se os indivíduos portadores de esquizofrenia fossem internados, neste momento, os leitos hospitalares em clínicas especializadas, existentes no mundo, não os poderiam receber, senão em uma terça parte entre os diagnosticados com relativa segurança.

Novamente ele silenciou, relanceando o olhar pelos ouvintes atentos e curiosos, adentrando-se num outro campo de considerações:

– Se levarmos em conta, porém, que o paciente esquizofrênico é um ser imortal, que ele procede de experiências ancestrais, que traz, nos tecidos sutis do Espírito, os fatores que o predispõem à síndrome que se manifestará mais tarde, compreenderemos que as mudanças químicas no cérebro, os fenômenos genéticos, as alterações estruturais, são efeitos da sua consciência de culpa, da sua necessidade moral de reparação dos crimes cometidos, que ficaram ignorados pela justiça terrestre, mas que ele conhece. Entendendo-se o Espírito como o ser causal, em processo de evolução, adquirindo experiências e superando as manifestações primárias através de novas experiências iluminativas, trataremos dos inevitáveis efeitos dos seus atos danosos, mas remontaremos à causalidade que se encontra no ser real e não no seu símile material.

Na contingência de alguns casos irrecuperáveis, como os temos aqui, em nossa clínica, esquecidos propositalmente pelas famílias, como ocorre em todos os hospitais psiquiátricos,

Entre os dois mundos

constataremos que se trata de impositivos expiatórios para eles, já que foram malsucedidos em outros tentames provacionais, agora se encontrando sob injunção expiatória recuperadora que lhes foi imposta.

Como corolário da tese que ora defendemos, o que muitos consideram como simples delírios e alucinações, muitas vezes são contatos mediúnicos com as antigas vítimas, ora transformadas em algozes, que os vêm perseguir, desforçando-se dos males que lhes foram infligidos anteriormente. Se esse conúbio enfermiço continuar por largo prazo, é natural que a energia destrutiva aplicada nos delicados tecidos neuroniais, termine por danificá-los, alterando o quimismo cerebral e as neurocomunicações.

Tenhamos em vista, no momento, o paciente Arcanjo, que acabei de atender. Nada obstante se encontre sob forte terapia química, foi acometido de uma exaltação, na qual uma personalidade independente tomou-o, permitindo-me um diálogo lúcido, que terminou por uma proposta coerente, de abandoná-lo à própria sorte, não mais lhe constituindo um parasita espiritual. *Após o diálogo, ao informar que se iria, o obsidiado tranquilizou-se, adormeceu e, certamente, apresentará logo mais um quadro satisfatório, embora seja portador igualmente do transtorno esquizofrênico, que lhe permitirá uma vida relativamente equilibrada, caso prossiga com o tratamento, retornando ao meio familiar e social sem perigo.*

Tomando do prontuário, onde se encontrava a anamnese do referido enfermo, leu o diagnóstico e a medicação aplicada, sem que os resultados apresentados fossem significativos, diferindo diametralmente do efeito da terapia aplicada no agente espiritual.

Logo após, deu curso ao estudo:

Manoel Philomeno de Miranda / Divaldo Franco

– Definimos, então, a esquizofrenia, primeiro: como um transtorno espiritual, que se manifesta no corpo físico, através de uma série de desequilíbrios já referidos, mas decorrente da necessidade de o Espírito resgatar os delitos praticados em existências anteriores. Chamá-la-emos, nesse caso, de um distúrbio orgânico, já que foram impressas no aparelho fisiológico todas as necessidades para a liberação. Segundo: de um processo de natureza obsessiva, em que o agente perturbador, hospedando-se *no perispírito do seu inimigo, aquele que antes o infelicitou, atormenta-o, apresenta-se-lhe vingador, desorganiza-o interiormente, desestabiliza as conexões neuroniais, produz-lhe outras disfunções orgânicas, delírios, alucinações...* Terceiro: de um processo misto, no qual o enfermo fisiológico é também vítima de cruel perseguição, tornando-se obsidiado simultaneamente.

Seja, porém, em qual classificação se enquadre o paciente psiquiátrico, ele é digno de compaixão e de amizade, de envolvimento fraternal e de interesse profissional, recebendo, não somente a terapêutica específica proposta pela Psiquiatria, mas também a espiritual apresentada pelo Espiritismo, que estuda e investiga o ser integral, constituído por Espírito ou causa inteligente do ser, perispírito ou invólucro semimaterial que lhe preserva as necessidades, possuidor de várias e específicas funções, a fim de imprimi-las na organização física, e essa, ou corpo somático, por onde deambula na execução do programa de sublimação que lhe é proposto.

A oração ungida de amor, a vibração de afeto transformada em emissão de onda de simpatia e de saúde, são, sem qualquer dúvida, terapêuticas de invulgar resultado, que o futuro adotará em qualquer situação humana em que se encontrem os indivíduos.

Entre os dois mundos

Dia chegará, não muito distante, em que a Medicina espiritual substituirá os processos agressivos deste momento, como já mudamos os procedimentos antes considerados valiosos, das duchas, das sanguessugas, das sangrias, do poço das serpentes, da solitária, da insulina, do eletrochoque... A partir de Philippe Pinel, em 1793, houve toda uma terapêutica própria para os pacientes, que ele libertou das prisões abjetas onde eram atirados sem o menor respeito nem tratamento, em forma punitiva e perversa. Posteriormente, com as valiosas contribuições de Kraepelin, de Braid, de Broca, de Charcot, de Breuler, de Freud, de Jung, de Kretschmer, de Sakel, de Moreno, de Erickson e de muitos outros missionários da Medicina psiquiátrica até nós, tem sido possível atender-se os pacientes com a dignidade que merecem. Desde agora, porém, inicia-se um novo período de psicoterapia com vistas ao futuro melhor da Humanidade, no qual estão incluídos o amor, a oração, a caridade em todas as suas expressões, além das terapias acadêmicas...

Não será um compromisso de fácil execução, como, afinal, nada é simples e aplaudido no seu início, especialmente quando se trata de remover preconceitos e procedimentos ditos únicos, em desconsideração pelas novas pesquisas e conquistas do conhecimento. Encontramo-nos, porém, dispostos a seguir adiante, abrindo espaços para o futuro, como fizeram os nossos predecessores, particularmente o apóstolo da caridade, Dr. Adolfo Bezerra de Menezes Cavalcanti, o eminente Dr. Ignácio Ferreira, o inesquecível médium Eurípedes Barsanulfo e muitos outros que se empenharam em atender os distúrbios mentais gerados nas obsessões de natureza espiritual. E, por fim, os dados acumulados traduzirão a excelência do método novo, que se apoia nos fatos incontroversos demonstrados pela mediunidade.

Sem desejar prolongar-me demasiadamente, agradeço a atenção de todos.

Havia ênfase na etapa final das considerações, provocando discreto aplauso entre sorrisos dos colegas, que anuíam com os argumentos apresentados através das expressões de júbilo e de compreensão.

Observara como o jovem assimilara o pensamento do seu instrutor que, por sua vez, encontrara nele o material indispensável para a explanação. Concomitantemente, a irradiação de segurança e de veracidade impressa nas suas palavras, procedente do mentor, muito houvera contribuído para o entendimento e a aceitação da tese exposta. Outros Espíritos amigos, igualmente interessados no tema, acercaram-se e formamos todos um grupo vigilante e afetuoso, contribuindo em favor do êxito da reunião.

Dr. Ximenes exteriorizava grande alegria ante os resultados obtidos, convidando-nos a que ficássemos na clínica participando das demais atividades, por mais algum tempo, no que foi atendido de boa mente pelo nosso amoroso guia, desde que nosso futuro compromisso estava programado para a noite.

14

ANÁLISES E OBSERVAÇÕES NOVAS

Em razão da gentileza do nosso anfitrião, que nos liberara para a formulação de algumas questões, após ouvir comentários oportunos apresentados pelo nosso mentor, e acompanhar atentamente as indagações dos outros companheiros em torno da clínica de saúde mental e dos seus pacientes, controlando a natural ansiedade, propus-lhe uma pergunta, solicitando escusas pelo atrevimento:

– *Em recordando a problemática de que é objeto o nosso irmão Arcanjo, vitimado pela esquizofrenia e, ao mesmo tempo, pela obsessão, não seria de esperar que, recebendo a terapêutica acadêmica e a espírita, adquirisse a recuperação total?*

Muito amável e pacientemente, Dr. Ximenes respondeu-me:

– *Seria, sim, ideal que assim acontecesse. Nada obstante, devemos considerar que o paciente psiquiátrico é, normalmente, alguém que se utilizou da inteligência e do sentimento com muita falta de responsabilidade, lesando os núcleos perispirituais que plasmam no cérebro carnal as necessidades de reparação.*

Imaginemos um médico, no uso da sua missão de me-lhorar a qualidade de vida dos enfermos, de amenizar-lhes os sofrimentos, de prolongar-lhes a existência e até mesmo de recuperá-los das doenças, que se utiliza do conhecimento inte-lectual para a exploração dos seus recursos econômicos, sem res-peito pelo ser humano, que posterga terapias valiosas, a fim de retê-los por mais tempo sob seus cuidados, ou que se utiliza da Medicina para o enriquecimento criminoso através do aborto, da eutanásia, de cirurgias desnecessárias; como despertará no Além-túmulo?

Tenhamos em consideração um escritor que intoxica as mentes dos seus leitores com clichês de perversidade e de luxú-ria, de vandalismo e de desrespeito; um ator ou atriz que, em nome da arte, entrega-se aos despropósitos das sensações grossei-ras, arrastando multidões fanatizadas aos abismos morais; um sacerdote ou pastor religioso, um pregador espírita, muçulmano ou israelita, ou de outro credo qualquer, que esgrima a palavra da sua fé religiosa como espada de separação e de destruição de vidas, ou dela se utiliza para a própria lubricidade mediante a sedução de pessoas inexperientes para crimes sexuais, políticos, de qualquer espécie; os maledicentes e acusadores contumazes, que somente veem e comentam o que podem destruir e infeli-citar; um cientista que se utiliza do comércio ignóbil de vidas para as suas experiências macabras, para a venda de órgãos vitais, para a conquista do poder, malsinando a inteligência; os traficantes de drogas, de mulheres e crianças para o comércio do vício, como despertarão depois da morte?

O remorso cruel, o desespero pelo acoimar das suas víti-mas, a angústia em constatar as alucinações que se permitiram, o uso perverso que deram às suas aptidões, aos seus pensamentos e técnicas, explodem-lhes no Espírito e levam-nos à loucura,

Entre os dois mundos

que prosseguem vivenciando quando recambiados à reencarnação. As suas vítimas seguem-nos depois, imantadas à área da consciência de culpa e ferreteando-os mais em duelos de ódios inimagináveis. A nossa tarefa é de permitir-lhes melhores condições para reparar os crimes, oportunidades mais longas para a libertação de si mesmos dos grilhões e dos cárceres sem paredes em que se atiraram espontaneamente. A recuperação da saúde, portanto, está na razão direta da gravidade do delito, porque alguns, não remodelados pelos camartelos do sofrimento, em retornando à sociedade com discernimento, correm o perigo de reincidirem nos desequilíbrios com maiores prejuízos.

Assim, no caso em tela, nosso amigo tem sido beneficiário de muito socorro, em razão do investimento de Entidades nobres que por ele zelam e contribuem em seu favor, não impedindo, porém, que ressarça os gravames sérios que se permitiu.

Diariamente acompanhamos pessoas que possuem tudo para fazer o bem, para o correto procedimento, para uma vida equilibrada, que se deixam desviar do rumo feliz pelas atrações do mal em sintonia com o seu psiquismo. Conscientes dos perigos e ingratos a Deus pelas concessões de que desfrutam, permitem-se abandonar os bons propósitos, as realizações enobrecedoras a que se vinculavam, optando pelo desbordar das paixões, traindo, malsinando, ferindo com astúcia o seu próximo, os afetos que lhes entregaram o coração e a vida... É natural que recebam liberdade condicional na afecção ou no transtorno de que se tornem portadores, mas sob vigilância, a fim de utilizarem a parcial lucidez para agir com dignidade e equilíbrio, acumulando méritos para a total libertação.

Um hospital, de qualquer especialidade, é laboratório de recuperações sob a direção da Divindade, que para ele recambia os destroçados por si mesmos, a fim de serem remendados. O

Manoel Philomeno de Miranda / Divaldo Franco

psiquiátrico, porém, é também um grande presídio com melhores recursos de renovação do que o cárcere convencional. Todos quantos nele se hospedam, temporária ou permanentemente, além de se encontrarem em reconstrução, expungem os fluidos deletérios do mal que se permitiram por longo período.

É o caso do nosso irmão Arcanjo. Liberado de uma das suas vítimas, a sua conduta atrairá outras companhias compatíveis com as aspirações que acalente. A medicação auxiliá-lo-á no quimismo cerebral, trabalhando possibilidades de equilíbrio e de discernimento, mas ele terá que recompor-se interiormente e recuperar-se.

Ante o silêncio natural, e porque me parecesse oportuno, voltei à carga:

— O adversário não prometeu abandoná-lo, mas comprometeu-se em pensar na orientação que lhe foi dada. Isso significa desistência?

— Não necessariamente, mas uma forma de anuência ao propósito de fraternidade e compaixão. Sempre se deve ter em mente, durante os processos de atendimento de desencarnados, conforme ocorre nas respeitáveis entidades espíritas dedicadas à desobsessão, que a terapia essencial deverá ser proporcionada ao hoje obsessor e não somente direcionada em favor da liberdade do obsidiado. Do ponto de vista moral, o maior sofredor é o desencarnado que prossegue em angústia, desespero e ódio em relação àquele que o defraudou... Porque visível, o encarnado, hoje na condição de vítima, inspira compaixão e parece merecer a alforria. É compreensível, mas não é justo. O enfermo portador de maior gravidade é o outro, sua vítima que, desde o momento em que foi infelicitado, sofre até este momento, experienciando tormentos inimagináveis. A aflição que impõe

Entre os dois mundos

ao seu antigo algoz não representa uma expressiva percentagem do que o combure interiormente.

Ao informar que iria pensar, o enfermo desencarnado abriu espaço para a reflexão que se não permitia antes, para o discernimento do quanto vem aplicando mal o tempo numa reparação que somente o mantém na desdita... Podemos, desse modo, considerar que esse período em que irá pensar, constituirá uma trégua na insânia da perseguição, que resultará no abandono do propósito inditoso da vingança.

— *Os Espíritos perseguidores que daqui são liberados* — insisti, ainda — *rumam para campos de reabilitação específicos ou permanecem sob a custódia deste sanatório, na sua área espiritual?*

— *Permanecem sob nossa assistência, porquanto, desde antes da sua construção material, os Espíritos que a inspiraram criaram na sua colônia um departamento especializado em atendimentos de recuperandos. Logo são desligados dos processos obsessivos, são conduzidos a esse núcleo de onde viemos e que constitui o nosso lar atual. Da mesma forma, outros nosocômios dispõem de centros de recuperação e de atendimento para os seus internados que desencarnam, com algumas exceções compreensíveis.*

— *Se o nobre benfeitor me permite* — solicitei, algo canhestro —, *ainda indagaria, sem abusar da sua proverbial bondade para com os ignorantes como eu...*

— *Ora, bem, meu caro Miranda* — interrompeu-me, sorrindo —, *aqui estamos para dialogar, para aprender uns com os outros, neste intercâmbio de experiências e de emoções. Indague o que desejar, sem qualquer constrangimento.*

Estimulado, prossegui:

— *O estudo sobre esquizofrenia de que participamos, há pouco, não fez uma abordagem total do assunto, esgotando-o,*

149

Manoel Philomeno de Miranda / Divaldo Franco

não é verdade? Os demais médicos, por acaso, desconheciam aquelas informações embora sendo psiquiatras?

Muito bem-humorado, ele respondeu:

— *Claro que o tema é vastíssimo, havendo sido feita uma síntese até certo ponto desnecessária, somente para possibilitar a introdução da proposta final, que é a terapia espírita.*

Os demais médicos recordavam-se dos aspectos e subgrupos do distúrbio, dos fenômenos geradores e dos comportamentos, das manifestações características, porquanto lidam com todos eles diariamente. Aquela foi uma forma simpática de expor um assunto delicado, qual seja o da introdução das novas terapias espirituais e espíritas especificamente, no corpo da Doutrina já existente, ainda muito controvertida, dando ensejo a novos investimentos.

O nosso Dr. Emir especializou-se, em nosso plano, em fluidoterapia e em psicoterapia (doutrinação) aos desencarnados, bem como na aplicação dos recursos valiosos da oração, da meditação, das vibrações intercessórias, que lentamente estão sendo confirmadas por estudiosos em diversas universidades do mundo físico.

Excelente profissional cristão-espírita, ele tem sido modelo para os colegas, que muito o respeitam. Apesar de a nossa clínica ser departamento de uma associação espírita, nem todos os médicos e enfermeiros contratados são militantes da Doutrina. Há um imenso interesse dos seus mantenedores e diretores em aplicar os melhores recursos da Ciência convencional, mas também das admiráveis contribuições do Espiritismo, com a introdução de palestras doutrinárias e terapêuticas para os pacientes, o que vem sendo providenciado, de encontros semanais com os médicos, posteriormente com paramédicos e auxiliares. Tudo, porém, tem sido apresentado com seriedade, discrição e

Entre os dois mundos

técnica, a fim de não ferir escrúpulos, que sempre geram susceptibilidades, nem provocar divisões em grupos de opinião. Assim, com habilidade psicológica e demonstrações de resultados felizes, trabalha-se para uma adesão geral quanto possível, sem imposição nem constrangimento, desde que não serão abandonados os procedimentos acadêmicos em momento algum.

Havendo grande material a meditar, silenciei, dando lugar a que o nosso instrutor dialogasse sobre outros temas com o generoso, simpático e sábio anfitrião.

Ele levou-nos a um quarto, no qual se encontrava um enfermo igualmente em camisa de força, que estorcegava, balbuciando palavras desconexas, os olhos projetados além das órbitas e com manifestas características de uma convulsão de largo porte. Poucos minutos após chegarmos, ele atingiu o clímax dos espasmos, tombando no solo e contorcendo-se dolorosamente, enquanto espumava e rilhava os dentes cerrados. A expressão da face congestionada era terrível, traduzindo um sofrimento incomum.

Automaticamente, pusemo-nos a orar, envolvendo-o em vibrações de reconforto e apaziguamento, enquanto o Dr. Ximenes socorreu-o com passes bem direcionados, diminuindo a intensidade da ocorrência até o momento em que asserenou. Os esfíncteres relaxados permitiram a eliminação de substâncias urinárias e fecais...

De imediato, um auxiliar de enfermagem foi convocado ao auxílio e à higienização, colocando o paciente no leito, ainda adormecido, enquanto se providenciava o asseio do ambiente.

— *Estamos diante de um distúrbio misto muito grave* — falou, pausadamente, o Dr. Ximenes. — *O transtorno fisiológico leva-o à desorganização do raciocínio, à irreflexão, à alienação. Estando, porém, lúcido, em espírito, dá-se conta da perseguição de que se vê objeto, apavorando-se e transmitindo ao cérebro desregulado as emoções que não tem como exteriorizar com correção. Tenta articular palavras para traduzir o pensamento, e as neurotransmissões, torpedeadas pela inarmonia que as interrompe, não conseguem decodificá-las em oralidade lógica, transformando-as em ruídos e vocábulos desconexos. Sob os acúleos da vingança do inimigo tenta fugir, mas permanece fortemente vinculado ao corpo estropiado, experimentando um horror que não pode ser definido... É nesse momento que, agredido fisicamente pelo desafeto, entra em convulsão, gerando um quadro típico de epilepsia em face das características apresentadas e dos efeitos orgânicos.*

No momento em que silenciou por pouco tempo, pude observar que o Espírito vingador encontrava-se colado ao doente como se estivesse acoplado da cabeça aos pés, desde o cérebro, descendo pela coluna vertebral, em atitude mental exploradora de energias, e em comando total da sua mente entorpecida e envolta em sucessivas camadas de campos vibratórios degenerativos. A expressão de fúria e de prazer ante a vitória do desforço desenhava-lhe uma fácies única, terrível.

– *Na década 1940-1950* – retomou a palavra, o psiquiatra desencarnado –, *o Dr. Ladislaus von Meduna, em Budapeste, estudando os cérebros de esquizofrênicos e de epilépticos, em suas notáveis e contínuas necropsias, anotou algumas diferenciações entre eles, como resultado dos distúrbios de que foram acometidos. Essas diferenças levaram-no a defender a tese, na qual a esquizofrenia e a epilepsia excluem-se, porquanto encontrando-se instalada uma, a outra não se manifestaria. Assim concluiu, tendo em vista que a convulsão epiléptica pro-*

Entre os dois mundos

duz a anóxia cerebral, impedindo o transtorno esquizofrênico, em razão dos resultados obtidos mediante as terapias realizadas pelo Dr. Sakel, através do choque insulínico, e mais tarde, pelo eletrochoque, ambos responsáveis pela ausência de oxigênio no cérebro, fator essencial, no conceito da época, para a recuperação da saúde mental.

A tese encontra-se, na atualidade, totalmente ultrapassada.

Diante de nós está um quadro de esquizofrenia real e de epilepsia não orgânica, de natureza espiritual, em que a ação fluídica do desencarnado sobre o cérebro do paciente encarnado produz-lhe a reação convulsiva. Caso a tese referida tivesse validade, essa convulsão, mesmo que de ordem psíquica, teria caráter terapêutico, quando, em verdade, é mais desgastante para o organismo do enfermo, que mais se abate pela perda das energias vitais ao processamento das forças orgânicas.

Ambos os enfermos da alma encontram-se tão afinados que as nossas providências não podem violentar as leis que os unem, cabendo-nos o dever de compaixão para com os dois, até quando soe o momento da desencarnação do hospedeiro que, provavelmente, será liberado da constrição do seu temível adversário, que poderá permanecer ligado aos despojos carnais que explorou, em alucinação indefinível e prolongada.

O Dr. Arquimedes, muito interessado, interrogou:

– *Já foi tentada a psicoterapia espiritual da palavra libertadora?*

– *Sem dúvida, mais de uma vez. Obstinado, porém, incapaz de registrar qualquer outra onda mental, em face da fixidez do seu propósito mórbido, entrega-se ao parasitismo de que também se nutre, na razão direta em que depaupera aquele que lhe concede energia. O conhecimento que temos das Leis Divinas faculta-nos entender que somente o tempo conseguirá aquilo que, no momento, é-nos vetado, a fim de não violentarmos o livre-arbítrio dos litigantes ferrenhos.*

– *Dou-me conta* – ainda considerou nosso guia – *de que o paciente encontra-se em estágio próximo da desencarnação, observando-lhe os chakras em destrambelho vibratório e a perda do fluido vital pela ação nefasta.*

– *É o que vimos anotando mais recentemente. Assim, o nosso compromisso de amor em nada sofrerá interrupção, porque o paciente-vítima será recambiado para nossa Esfera e o paciente-algoz de momento, por eleição própria ficará imantado à sepultura do vampirizado por largo tempo na sua demência espiritual.*

O Dr. Ximenes convidou-nos a uma oração, enquanto ele próprio volveu à terapia de ajuda a ambos os Espíritos, após o que prosseguimos na visita ao nosocômio e aos seus quadros de reparação, de lapidação, de iluminação de consciências.

Confesso que me encontrava bastante aturdido ante os novos ângulos dos acontecimentos, que antes me haviam passado despercebidos, quais o do vampiro desencarnado continuar preso aos despojos da sua vítima, agora em liberdade da sua sanha feroz.

Como o pensamento é o detonador de todas as necessidades humanas, na Terra ou fora dela, reflexionei longamente.

Conforme se pensa, elabora-se o que se torna essencial para a existência física ou espiritual.

Mais uma vez, meditando sobre a bênção do amor, pude novamente constatar a sublimidade de que se reveste para a edificação da felicidade do Espírito humano.

Entre os dois mundos

À medida que as sombras da noite passaram a dominar a região, despedimo-nos do nobre Espírito, não sem antes visitarmos o seu pupilo missionário, por quem oramos juntos com vibração de profundo respeito, a fim de que triunfasse no combate em que se encontrava com toda energia.

Por fim, o Dr. Arquimedes obtemperou:

– *Dr. Emir é um dos nossos abnegados construtores do futuro, conforme o desenho elaborado pelo nobre Policarpo, que retornou ao mundo na condição de cristão semelhante àqueles das primeiras horas. Isto, porque não será entendido, deverá testemunhar as convicções amiúde, irá sofrer injunções difíceis, experimentará zombarias e indiferenças, mas seguirá fiel até o fim.*

Após as despedidas joviais e os agradecimentos feitos de unção, retornamos ao acampamento.

15

PARASITOSES FÍSICAS

Embora o júbilo que a todos nos dominava, após as excelentes experiências de que participamos na clínica psiquiátrica, mantivemos silêncio e reflexão, durante o transcurso da jornada em direção do nosso campo de repouso, em face da quantidade de material para pensar.

A alienação mental, sob qualquer aspecto considerada, não deixa de ser áspera provação necessária ao restabelecimento da paz no Espírito rebelde.

A perda do raciocínio e a incapacidade de exercer o autocontrole geram no indivíduo situações calamitosas, desagradáveis, infelizes.

Se as pessoas saudáveis se permitissem visitar, periodicamente que fosse, alguma clínica psiquiátrica ou mesmo outras encarregadas de atender portadores de enfermidades degenerativas como *parkinson*, *alzheimer*, câncer, hanseníase, é muito provável que se dessem conta da vulnerabilidade do corpo físico e dos seus processos de desorganização, optando por diferente conduta mental e moral. Compreenderiam *de visu* que os males atormentadores procedem do Espírito, podendo ser evitados com muita facilidade, em cujo labor seriam aplicados todos os recursos que se multiplicariam em benesses compensadoras.

Ilhadas, porém, nas sensações mais imediatas, nem todas se encontram despertas para entender os reais objetivos da existência humana, optando pelo gozo incessante em vez da busca superior da felicidade.

Esse processo inevitável de conscientização acontecerá, sem dúvida, e para que logo chegue, todos devemos contribuir com os nossos melhores recursos, diminuindo as consequências lamentáveis da imprevidência moral e dos seus desregramentos que desbordam nos conflitos individuais e sociais...

Quando chegamos ao núcleo de renovação de forças, a noite havia descido sem preâmbulos, abençoada pelos ventos brandos que vinham do mar, carregados de energia balsâmica e restauradora.

O nosso orientador afastou-se por breve tempo, entrando em contato com outros responsáveis por diferentes grupos que confabulavam sobre as atividades desenvolvidas. Podia-se sentir-lhes a alegria resultante dos deveres nobremente cumpridos e das expectativas felizes em relação ao futuro.

Preferi mergulhar em profundas reflexões, acercando-me do oceano rico de mensagens de vida complexa, quase infinita, nas suas manifestações.

Não podia deixar de considerar a grandiosidade da Revelação Espírita, que enseja ao ser humano, na Terra, o conhecimento da realidade transcendente da vida, oferecendo-lhe seguras diretrizes para a conquista da harmonia e da plenitude.

Entre os dois mundos

Considerei, intimamente, a Sabedoria Divina que não tem pressa, deixando-se desvelar à medida que o ser adquire discernimento e responsabilidade para apreender o significado dessa dimensão incomum e seguir conscientemente, conquistando mais espaço mental e edificação moral.

Um misto de felicidade e nostalgia invadiu-me, estimulando-me a narrar aos companheiros da vilegiatura carnal as realizações do Mundo além da estrutura física, de forma que adquiram mais lucidez em torno da Imortalidade, preparando-se para os cometimentos que virão iniludivelmente.

Busquei, então, fixar mais os detalhes das conversações e das lições que nos eram ministradas, de forma que pudessem contribuir para o esclarecimento dos mais interessados na libertação dos vínculos retentores com a retaguarda do progresso espiritual.

Nesse ínterim, Germano acercou-se-me, e dialogamos em torno das ocorrências vivenciadas na clínica psiquiátrica, bem como a respeito dos processos de degenerescência mental, dos transtornos obsessivos perversos, agradecendo a Deus a ímpar felicidade que desfrutávamos por haver conhecido e adotado os ensinamentos espíritas que nos libertaram da ignorância.

O amigo Germano, que fora médico, consoante já referido, era hábil trabalhador espiritual, dedicado ao socorro a portadores de obsessões fisiológicas, aqueles que sofrem a impertinência do ódio dos adversários introjetado no organismo somático.

Ele informou-me como a incidência da mente cruel sobre os delicados tecidos orgânicos termina por afetá-los, desorganizando a mitose celular, produzindo distúrbios

Manoel Philomeno de Miranda / Divaldo Franco

funcionais, qual ocorre nos aparelhos digestivo, cardiovascular e abrindo campo no sistema imunológico para a instalação das doenças.

– *No início do processo* – disse-me, bondoso –, *a enfermidade é mais psíquica do que física, isto é, as sensações são absorvidas diretamente do Espírito doente, perispírito a perispírito, impregnando o corpo* hospedeiro *da parasitose até este incorporar a energia deletéria que o desgasta no campo vibratório, atingindo, a breve prazo, a organização fisiológica. O número de portadores de doenças orgânicas simulacro, conforme as denominamos, cuja procedência é obsessiva, não tem sido anotado, sendo muito maior do que pode parecer.*

Invariavelmente os cultores do intercâmbio espiritual e espiritistas, quase em geral, reportam-se às influências obsessivas de natureza mental e comportamental... O organismo físico, no entanto, é caixa de ressonância do que ocorre nos corpos espiritual e perispiritual. Da forma como sucede com a obsessão de natureza psíquica, quando prolongada, que termina por degenerar os neurônios, dando lugar à loucura convencional, o fenômeno orgânico obedece aos mesmos critérios.

O que é válido numa área, também o é noutra.

Indispensável que seja mantida muita atenção diante de afecções e infecções orgânicas, examinando-lhes a procedência no campo vibratório, no qual, não raro, encontramos mentes interessadas em desforços, muitas vezes, ignorando a operação destrutiva que vem realizando nos tecidos.

Como sabemos, nem todo Espírito vingador conhece as técnicas de perseguição, mantendo-se imantado ao seu antigo desafeto, em face da Lei de Afinidade Vibratória, isto é, graças à semelhança de sentimentos e de moralidade, o que faculta a plena interação de um com o outro e intercâmbio de emoções de um no outro... Como as cargas mentais e emocionais transmitidas, mesmo que as desconhecendo, são constituídas de campos de ressentimento e de vingança, essa contínua onda vibratória nociva é assimilada pelo ser energético, que passa a misclá-la com as suas próprias, gerando desconforto e disfunção nos equipamentos que sustenta. Iniciando-se a desconectação do fluxo de energia emitida pelo Espírito encarnado, em face da intromissão daquelas morbosas, as defesas imunológicas diminuem, abrindo campo para a instalação de invasores microbianos degenerativos. As doenças aparecerão logo depois. Toda terapia antibacteriana, portanto, que objetive apenas os efeitos dessa ocorrência, irá combater somente os invasores microbianos, não reequilibrando o campo organizador biológico, cuja sede é o perispírito, que se encontra afetado pelo agente espiritual desencarnado.

Nunca será demasiado repetir que, em qualquer processo de enfermidade e disfunção fisiológica ou psicológica do ser humano, o doente é o Espírito, convidado à reparação dos erros cometidos, responsáveis que são pelas tormentas orgânicas de que ele se torna vítima.

Ele calou-se, por um pouco, e eu considerei:

— Embora não me fosse desconhecida a ocorrência, esse tipo de obsessão fisiológica, não poderia imaginar que apresentasse uma estatística tão expressiva conforme o amigo me relata.

— O irmão Miranda sabe que os elementos constitutivos do perispírito são de energia muito específica, ainda não havendo sido classificada pelos estudiosos da Física Quântica. Pensam, muitos especialistas de nosso plano, que ele seria constituído por átomos muito sutis ionizados ou por partículas semelhantes aos neutrinos ainda mais tênues e velozes do que aqueles que foram detectados nos formidandos laboratórios

Manoel Philomeno de Miranda / Divaldo Franco

terrestres, nada obstante, prefiro, pessoalmente, a definição do preclaro codificador, quando se refere a um envoltório semimaterial,[4] portanto, em termos muito simples, resultado de uma energia semimaterial, de um campo específico. A sua irradiação contínua impregna a organização física dos seus conteúdos, que são resultantes dos atos que procedem do ser pensante (o Espírito imortal). Essa maravilhosa estrutura energética pode ser penetrada por outras, dependendo dos valores morais do ser espiritual que a acolhe, de acordo com a afinidade de constituição. Quando é superior, torna-se mais vibrante e resistente, gerando valores positivos no organismo; sendo de procedência inferior, termina por tornar-se cediça e frágil, apresentando lesões que se refletem como distúrbio equivalente no mundo das formas. Fôrma energética do corpo somático, tudo aquilo que lhe ocorre na organização, será refletido na forma.

Eis por que toda e qualquer terapêutica direcionada a doenças deve sempre considerar o ser humano total, não apenas como o corpo ou como o corpo e a mente (Espírito), mas como Espírito, perispírito e corpo. Quando isso ocorrer, e não estão longe os dias da sua aceitação, o binômio saúde/doença estará recebendo muito melhor contribuição do que aquela que lhe tem sido direcionada até estes dias.

– Compreendo, sim – aduzi-lhe aos comentários *–, a realidade do enfoque apresentado pelo caro amigo, porque muitos cancerologistas, cardiologistas e outros profissionais da saúde de ambos os planos da vida são unânimes em afirmar que transtornos psicológicos, raiva e ressentimento, ciúme e inveja, isto é, todos esses fatores de perturbação emocional, refletem-se*

---

4. *O Livro dos Espíritos*, de Allan Kardec, Introdução, Item VI, 76. edição da FEB (nota da editora).

Entre os dois mundos

na área da saúde, dando surgimento a patologias graves, como algumas das que dizem respeito às suas especialidades.

Por outro lado, verificamos amiúde os casos de problemas orgânicos derivados dos conflitos, particularmente do aparelho digestivo, cardíaco, por somatização. Se a mente pessoal gera esses fenômenos perturbadores, sob ação de outras mentes mais vigorosas, ainda sob a cruz dos conflitos originados na conduta extravagante do passado, é claro que os efeitos danosos são muito mais fortes, favorecendo o surgimento de doenças mais graves, produzidas pelos agentes microbianos de destruição dos tecidos.

Em assim sendo, qual a melhor terapia para ser aplicada?

– Indiscutivelmente – redarguiu –, a do Evangelho, isto é, a da transformação moral do paciente, que é a sua parte fundamental, e a nossa contribuição em relação a ele, a fluidoterápica, a fim de afastar o agente desencadeador do problema, a sua conveniente doutrinação, a compaixão e misericórdia para com ele, sem nenhuma diferença daquela que seria aplicada nos transtornos obsessivos mentais e comportamentais.

Pelo pensamento, cada um de nós elege a companhia espiritual que melhor nos apraz.

Na larga experiência de lidar com obsessos físicos, tenho aprendido que é a mente o grande agente fomentador de vida, como de destruição dos seus elementos constitutivos. Afinal, o que criou e rege o Universo é a Mente Divina, na qual tudo se encontra imerso. A mente humana, nos seus limites, produz a constelação de ocorrências próximas à sua fonte emissora de energia, sempre em sintonia com a qualidade de vibrações exteriorizadas.

Pensar bem, portanto, já não tem sentido apenas ético ou religioso, mas uma abrangência muito maior que é o psicoterapêutico preventivo e curador.

Sorrimos, jovialmente, e levantamo-nos, seguindo em direção à sala onde receberíamos as instruções para o próximo labor.

Eu sentia-me edificado e feliz.

16

O SANTUÁRIO
DE BÊNÇÃOS

Dr. Arquimedes elucidou-nos que visitaríamos uma associação espírita, que se dedicava a um elenco de realizações iluminativas e socorristas, na qual se encontrava um dos membros vinculados ao ministério patrocinado pelo nobre Policarpo.

Referia-se ao seu fundador, que viera à Terra com tarefa muito definida, a respeito da recristianização das demais criaturas, repetindo experiências que consolidaram nas almas a fé em Jesus, nos já remotos dias do passado.

Sob o seu comando mental deslocamo-nos na direção do nosso objetivo, sem que houvéssemos experimentado qualquer dificuldade.

Chegamos um pouco antes das 20h, quando pessoas de várias procedências sociais e econômicas se adentravam no salão dedicado aos estudos da Doutrina Espírita.

Eram velhinhos aflitos e enfermos atormentados, mulheres angustiadas e crianças irrequietas, algumas visivelmente perturbadas, indivíduos masculinos e femininos saudáveis, formando um todo que, de alguma forma, completava-se.

Música suave inundava o ambiente, embora a conversação díspar, muito alta, demonstrando o desequilíbrio da maioria, as ansiedades de outros e a quase desconsideração de mais alguns em relação ao local em que se encontravam. Infelizmente, muitas pessoas ainda não compreenderam a maneira saudável de comportar-se em determinados lugares onde se apresentam.

Mesmo quando são membros de instituições, que deveriam preservar, tornam-se palradoras, movediças, inquietas, olvidando-se das atitudes coerentes com as propostas que ali são apresentadas e devem transformar-se em realizações edificantes. Esse comportamento faculta a intromissão de Espíritos irresponsáveis e ociosos, que se misturam aos encarnados, gerando intercâmbio excitante de conversações levianas, que derrapam, não raro, em maledicências, acusações, vulgaridades...

O local reservado para estudos e discussões relevantes deve ser preservado de algazarra, especialmente se dedicado a questões espirituais, porquanto, em se tendo em vista o seu significado, para ele são conduzidos Espíritos necessitados de orientação e de encaminhamento, de iluminação e de paz.

Caso haja o silêncio que induz ao recolhimento interior, à meditação, à prece, aos pensamentos salutares, cria-se o clima psíquico próprio e saudável para o mister a que se propõem os seus organizadores.

Nada obstante, o número de Entidades laboriosas e sérias ali era muito grande, contrapondo-se ao das infelizes e insensatas que tentavam produzir confusão e interferir no psiquismo geral da assembleia.

Entre os dois mundos

De imediato, adentrou-se um homem de 40 anos presumíveis, envolto em uma aura de grande simpatia, irradiando agradável emanação fluídica. Estava assessorado por diversos trabalhadores da nossa Esfera de ação, que nos saudaram afetuosamente, enquanto inspiravam-no sem constrangimento mental.

Quando ele entrou na sala, houve uma quase abrupta mudança de vibração, porque as pessoas que o aguardavam experimentaram imensa alegria em vê-lo, tornando-se receptivas ao mister a que se dedica.

Tranquilo, sem qualquer afetação, abraçou fraternalmente um e outro, dirigiu palavras gentis a alguns, distribuiu apertos de mão e sorrisos bondosos com todos, enquanto se aproximava do estrado sobre o qual se encontrava a mesa diretora dos trabalhos.

Um número significativo de servidores do bem, já desencarnados, seguia-o após, distribuindo-se pelo auditório.

Ante a minha interrogação mental, o Dr. Arquimedes informou-me por telepatia:

— *Esse amigo é o irmão Silvério Carlos, membro da equipe de Policarpo, a quem vimos visitar, para com ele mantermos um encontro mais íntimo ao primeiro ensejo.*

Incontinente, avaliei que era um vitorioso, considerando-se o grupo que o acoltava do nosso lado da vida e a paz de que já desfrutava.

Indaguei ao irmão Petitinga:

— *O que teremos hoje neste salão?*

Como se aguardasse a minha curiosidade, o fraterno companheiro respondeu-me, sem qualquer indisposição:

— *Até onde posso depreender, trata-se de uma atividade de atendimento coletivo, quando são desenvolvidos serviços iluminativos pela palavra esclarecedora e socorrista, por intermédio de fluidoterapia em aplicação de passes individuais e coletivos.*

De fato, o silêncio tomou conta do auditório modesto e a mesa foi composta sem alarde, tudo com muita simplicidade. Duas pessoas, anteriormente convidadas por Silvério, assentaram-se com ele e, ato contínuo, uma delas proferiu sentida oração de abertura dos trabalhos.

Visivelmente inspirado, o amigo dos infelizes ergueu-se e, após saudação afetuosa, iniciou a sua peroração:

– *...E Jesus, vendo a multidão, tomou-se de compaixão...*

A Sua era uma compaixão feita de amor e de misericórdia, mediante os quais distendia os tesouros da afabilidade e da paz a todos. Em toda e qualquer circunstância, Ele sempre era tomado pela compaixão.

Compadeceu-se da viúva de Naim, que chorava a filha morta, da mulher cananeia, que Lhe rogava ajuda para livrar-se da enfermidade humilhante, da multidão esfaimada, que nutriu com pão e peixe, sempre respondendo com ternura e sabedoria a todos os apelos que Lhe faziam os aflitos e os deserdados.

O Seu amor atendia incessantemente, jamais deixando de penetrar o íntimo de quem quer que se Lhe acercasse em desespero e carência.

Hoje, como ontem, as multidões prosseguem sucedendo-se esfaimadas de pão, de justiça, de oportunidade para ser feliz, de amor, e Ele continua atendendo-as, porque essa é a Sua Mensagem de vida eterna.

Mantendo-se fiel ao compromisso de que, sempre quando fosse solicitado, atenderia o apelo, eis que, neste momento, a

Entre os dois mundos

Sua inefável compaixão alcança-nos, ensejando-nos a ajuda de que carecemos para as nossas inúmeras necessidades.

A este respeito, não existe qualquer dúvida. É mister, porém, recordemo-nos também que, depois de atender os aflitos e infelizes, orientava-os a que não voltassem ao erro, libertando-se dos seus grilhões, de modo que ficassem indenes a acontecimentos mais desastrosos.

Alterar, pois, a conduta moral e espiritual, é o dever que nos cabe manter em consciência, porquanto os males que hoje nos assinalam são efeitos dos nossos próprios equívocos de ontem, cabendo-nos o compromisso de não serem gerados novos fatores de dissabor nem de infelicidade procedentes de nós mesmos.

A decisão de ser feliz é inteiramente individual, não cabe dúvida, razão por que ninguém pode anelar, para outrem que se recuse, a bênção que gostaria de lhe oferecer.

Desse modo, o empenho e a luta para conseguir-se a harmonia que trabalha em seu favor, deve constituir o primeiro movimento de todo aquele que anseia pela mudança de situação emocional, física, econômica, social e espiritual. Somente, portanto, mediante esse esforço de renovação interna, combatendo as sombras teimosas que se aninham na mente e dominam o coração, é que se instalarão as claridades inapagáveis do bem-estar que enseja saúde e paz.

Um grande silêncio pairava no ambiente sob tensão e ansiedade contidas.

– *Despir-se das mazelas* – prosseguiu, de maneira suave – *que sobrecarregam o ser com aflições desnecessárias, renovando os conceitos a respeito do prazer e do viver, que passam a expressar-se de maneira diferente da habitual, daquela que impõe a posse e o gozo irresponsáveis, despertar para a compreensão de valores mais importantes quanto duradouros, tornam-se os primeiros passos para a conquista de si mesmo, a fim de poder-se avançar por diferente rumo propiciador de felicidade.*

Enquanto se permaneça arrimado aos mecanismos escapistas do eu não consigo, *do* eu sou infeliz, *do* ninguém me ajuda, *a existência transcorrerá sob penas e desaires. No momento, a partir do qual haja uma mudança de conduta mental e física para a ação dignificadora, tornar-se-ão viáveis as realizações de enobrecimento e de libertação.*

O Amor de Deus é o mesmo para com todos. Ninguém, que se apresente melhor aquinhoado, em detrimento de outrem. Ocorre, no entanto, que cada qual possui o que recolhe com maior ou menor amplitude, podendo desfrutar do que se encontra armazenado, resultante da coleta realizada.

É imperioso, desse modo, o esforço pessoal.

Os Espíritos guias e familiares, em nome de Deus, ajudam, mas não têm permissão para eliminar os padecimentos que foram gerados por aqueles mesmos que os carregam. São mestres e amigos que auxiliam, sem retirar a responsabilidade do educando que, de outra forma, irresponsavelmente volveria aos conhecidos tormentos, logo os tivesse diminuídos, o que, infelizmente, após haver-se libertado volve a buscá-los.

Com a consciência de que tudo é possível àquele que crê, *de acordo com a recomendação do Mestre Jesus, empenhemo-nos em conseguir o bem-estar e a alegria de viver com saúde, edificando a harmonia no coração e seguindo sempre adiante.*

Entreteceu mais algumas considerações finais, passando ao atendimento aos sofredores de ambos os planos ali presentes.

As luzes foram diminuídas, dando lugar a uma suave penumbra que permitia visibilidade agradável, de imediato

Entre os dois mundos

convidando os lidadores da Casa, médiuns dedicados à fluidoterapia pelos passes, a que se espalhassem pela sala, tomando-lhe os corredores.

A seguir, conclamou todos à oração silenciosa, ao tempo em que enunciava alguns nomes de aflitos para que as mentes emitissem vibrações de saúde, de paz, de fraternidade. Enquanto esse labor era realizado com unção e harmonia que a todos envolvia, os portadores de mediunidade curadora e passistas distenderam os braços com as mãos espalmadas na direção do público, deixando que as energias de que eram veículos se exteriorizassem, ou eles próprios se transformassem em antenas captadoras-transmissoras das correntes de vibração superior que invadiam a sala, sendo canalizadas em direção do público receptivo.

A operação prolongou-se por aproximadamente dez minutos, quando as luzes voltaram à sua pujança e teve lugar o encerramento.

Pude notar que os participantes do ágape espiritual encontravam-se abastecidos de forças fluídicas e seus campos perispirituais exteriorizavam as variadas cores de que se constituíam.

Uma alegria natural invadia quase todos, confirmando os excelentes resultados da operação socorrista, na qual participaram também os trabalhadores desencarnados que mantinham compromisso com a associação.

À medida que as vibrações eram direcionadas pelas mentes ativas sobre o público, formou-se uma abóbada fluídica de vários campos vibratórios que se potencializavam, quanto maior era a concentração e mais favoráveis os sentimentos de amor e de fraternidade.

Ao mesmo tempo em que se assimilavam as ondas mentais originadas no público e fortalecidas pelos Espíritos operosos que as plasmavam, devolviam-nas mais vigorosas, sendo absorvidas pelos organismos vivos ali pulsantes.

Dei-me conta ainda de que os Espíritos sofredores que acompanharam os seus *hospedeiros psíquicos*, assim como outros que foram trazidos para participar da atividade, igualmente se beneficiaram de modo expressivo. Os primeiros haviam sido recambiados por vigilantes trabalhadores de nossa Esfera a outras áreas de renovação; muitos outros, que ficaram mergulhados em profunda reflexão, continuaram beneficiando-se e, outros mais que, embora retornando aos lugares de onde vieram, levaram recursos valiosos para a alteração de conduta.

Enquanto a grande sala esvaziava-se, em face do encerramento daquele labor, acompanhei a chegada de novos grupos espirituais que a repletaram, a fim de participar de outros eventos que ali deveriam ter lugar.

Seguia a movimentação contínua, quando fui convidado a prosseguir com o nosso grupo em direção a pequena sala onde Silvério se preparava para atender aqueles corações aflitos que foram selecionados anteriormente.

Era mais do que um atendimento fraterno convencional. Ele ouvia as pessoas e procurava com elas as respostas para as suas inquietações, ao tempo em que as atendia espiritualmente com os recursos próprios do momento.

Consciente do significado do instante para cada consulente, dispensava atenção a todos com gentileza e paciência, procurando sempre iluminar-lhes a mente com os ensinamentos do Espiritismo, de forma que adquirisse responsabilidade diante dos acontecimentos, evitando tornar-se-lhe o guru ou o psicoterapeuta de toda hora, como, não raro, ocorre.

Entre os dois mundos

Sendo bem atendidos, alguns clientes da fraternidade abdicam do dever de pensar e de agir, procurando contínua orientação e incessante ajuda, sem contribuir com o próprio esforço para as decisões e ações que lhes dizem respeito.

Aqueles que se apresentavam aturdidos por transtorno obsessivo, recebiam-lhe a ajuda fluídica e magnética através dos passes, mas também a recomendação para os procedimentos compatíveis de que a associação se encontrava em condições de dispensar.

Sempre inspirado pelo seu guia espiritual, era visível a perfeita identificação existente entre ambos.

Não obstante a psicosfera saudável e o equilíbrio mantido no recinto, de quando em quando ouvíamos gemidos algo desesperadores e uma que outra imprecação no ar.

Percebendo a minha interrogação sem palavras, Dr. Arquimedes explicou-me:

— *Ao lado deste edifício, encontra-se o lar de idosos, no qual são abrigadas algumas dezenas de irmãos em declínio físico e mental. Noutro pavilhão, a seguir, dentro da imensa área, também se encontra um hospital equipado para atendimento de enfermos pobres que enxameiam na cidade e que vêm também de outras procedências.*

Tudo aqui tem o toque do nosso Silvério, que foi o iniciador da obra grandiosa de amor e de caridade, apoiando-lhe a mediunidade missionária.

Sucediam-se os necessitados, que se adentravam na saleta assinalados pelo sofrimento de grande variedade, dali saindo renovados, com outro aspecto, banhados de especial claridade balsamizante que os penetrava.

Em outras salas, igualmente simples, diversos médiuns e passistas dedicados atendiam as pessoas sofredoras, infundindo-lhes bom ânimo e coragem para a luta.

Iniludivelmente, tratava-se de um verdadeiro santuário de bênçãos, acolhendo o sofrimento e diminuindo-o nas vidas e nos corações.

O intercâmbio com o nosso plano era contínuo, porquanto se adentravam laboriosos servidores do bem, acompanhando outros Espíritos em situação deplorável, diversos portando angústias e ansiedades, grande número em hebetação e loucura.

Na grande sala, realizavam-se, naquele momento, estudos evangélicos direcionados a esses visitantes espirituais em rudes padecimentos. Nobre Entidade discorria sobre a coragem na luta e a resignação ante os acontecimentos que os tornaram aflitos em decorrência da insensatez de cada um. Ao mesmo tempo, elucidava a respeito das imensas possibilidades que lhes estavam ao alcance, desde que se entregassem ao programa de reabilitação.

Em razão da diversidade dos assistentes, o clima psíquico era compreensivelmente agitado. Um ambulatório médico para atendimento de emergência sempre se encontra em movimentação e com bulha, cabendo aos seus administradores e equipes especializadas a manutenção da ordem e do equilíbrio.

Ali ocorria o mesmo, porquanto a finalidade era esta: socorro de emergência!

Passava da meia-noite, quando Silvério desincumbiu-se do atendimento fraternal que lhe fora reservado. Apresentava-se bem-disposto e jovial, sem qualquer sinal de cansaço. Assessorado por dois cooperadores que o aguardavam, dirigiu-se ao Lar dos idosos, onde a movimentação espiritual era também expressiva.

Entre os dois mundos

Aqueles que se encontravam inquietos sob perturbações psíquicas e espirituais inferiores receberam a cooperação dos passes renovadores; outros, que ainda estavam despertos, foram gentilmente visitados, ouvindo palavras de reconforto e de paz, a todos dispensando bondade e afeto enriquecedor.

Podia-se perceber quanto era amado pelas filhas e filhos do Calvário que o bendiziam, por sua vez, reconhecidos pelo amparo de que eram objeto.

A madrugada anunciava-se muito suavemente.

Naquela hora, o servidor de Jesus despediu-se dos amigos e rumou na direção dos seus próprios aposentos, em uma pequena construção na imensa área arborizada onde se localizava a instituição de amor e de caridade.

Quando o acompanhamos, a convite do Dr. Arquimedes, este informou-nos que ali estavam para o socorro de emergência que deveríamos oferecer ao dedicado seareiro de nossa Esfera, em pleno ministério de autoiluminação.

Apontando na direção de vetustas árvores carregadas de frutos tropicais, que projetavam sombra espessa pela vereda por onde seguia o trabalhador, nosso mentor chamou-nos a atenção para um vulto que se esgueirava por detrás de um dos troncos mais volumosos, armado de punhal, apresentando-se inquieto e perturbado.

– *Trata-se de Almério* – informou, gravemente. – *Até há uma semana era funcionário do complexo médico da instituição, onde estão internados alguns dependentes químicos, alcoólicos, etc. Em vez de dedicar-se à atividade de enfermagem para a qual fora contratado, não resistiu à ganância e passou a vender drogas a alguns dos pacientes, aos quais deveria atender com respeito e disciplina. Como esses dependentes não melhorassem o quadro, embora sob cuidadosa assistência especializada, o fato chamou a atenção do nosso amigo Silvério que, em companhia do diretor clínico chegou à conclusão de que alguém estaria violando os estatutos da Casa. Resolvidos a observar e descobrir o que se passava, terminaram por surpreender o incauto e perverso funcionário, logo recorrendo a providências para dispensar-lhe os serviços.*

Tomados de comiseração pelo infeliz, evitaram denunciá--lo à polícia, o que seria justo, resolvendo aplicar a misericórdia que emana do Evangelho, chamando-o à responsabilidade e demitindo-o com todos os direitos que lhe eram atribuídos pela legislação de trabalho vigente.

O desatinado, ao invés de tornar-se reconhecido aos seus benfeitores generosos, tomou-se de profundo ressentimento pelo médium, sob a inspiração de inimigos violentos e cruéis com os quais sintoniza. Conhecendo-lhe os hábitos e a movimentação constante, planeja assassiná-lo dentro de breves momentos, aguardando-o como um felino traiçoeiro que espera a vítima indefesa. Completamente aturdido pelos adversários espirituais da Humanidade, espreita-o para apunhalá-lo, quando se dirija à sua habitação.

Ele silenciou, e pudemos notar a algazarra dos desencarnados em volta do invigilante, que se encontrava possesso pelo ódio que acalentara injustamente e pelo que lhe era insuflado pela horda de perversos.

Embora Silvério se encontrasse sob o amparo do seu guia espiritual, nobre Espírito responsável pelo trabalho que ele vinha desenvolvendo no imenso complexo de assistência e de serviço social, nosso mentor acercou-se do grupo inamistoso e concentrou-se profundamente em Almério.

Entre os dois mundos

Pudemos notar que sucessivas ondas luminosas partiam-lhe da mente e alcançavam o tresvariado, produzindo choques especiais nos seus comparsas desencarnados, que se afastaram psiquicamente, blasfemando e gritando palavras chulas, menos um deles que se lhe fixava ao chacra cerebral, telecomandando-o.

Dr. Arquimedes aproximou-se mais e aplicou-lhe energias vigorosas que interferiram no acoplamento psíquico, desligando-lhe o *plugue* da *tomada* e fazendo-o tombar sob o impacto do choque. O paciente, liberado rapidamente da violenta força que o impelia ao crime, cambaleou e, atendido pelo mentor que transmitiu nova carga, sentiu-se entontecer, sendo acometido de um desmaio no momento exato em que sua quase vítima passava.

Colhido pela surpresa, o médium reconheceu-o, ficando surpreso por ver a arma que se desprendera da sua mão também caída ao solo, e inspirado, ergueu o quase criminoso, massageou-lhe o peito, chamou-o pelo nome, após o que, o mesmo despertou suarento e, dando-se conta do que lhe ocorrera, pareceu idiotizado, sem saber o que dizer ou o que fazer.

O bondoso instrumento do bem o auxiliou a levantar--se e o conduziu à pequena sala de refeições no próprio domicílio. Prontificou-se a ajudá-lo, preparando um chá morno e colocando-se-lhe às ordens mediante palavras de compreensão e de compaixão.

Não se podendo evadir da realidade, o infame contou o plano que arquitetara para tirar-lhe a existência, dominado pelos sentimentos infelizes que acalentava desde antes de ser despedido.

Confessou-lhe que mantinha contra ele sentimentos conflituosos de despeito, de inveja, de ciúme, de mágoa... Como vingança pessoal, alimentava o vício de alguns pacientes mediante boa remuneração, objetivando também comprometer o hospital, o que não lhe parecia empresa difícil.

Ouvindo-o, todos nós, do pequeno grupo de socorro, ficamos surpresos ante a narração assinalada por sincero arrependimento.

Eu pus-me a conjecturar em torno da dificuldade que tem a criatura humana de libertar-se da inferioridade ancestral, que lhe remanesce nos hábitos e no inconsciente, ditando-lhe o comportamento.

Os Espíritos humanos inferiores, em vez de sentirem-se estimulados pelos exemplos nobres que lhes chegam, preferindo a permanência na situação em que se encontram, rebelam-se contra aqueles que lhes deveriam constituir exemplos e estímulos, combatendo-os, perseguindo-os, dificultando-lhes a ascensão...

Ali estava o exemplo vivo da degradação do ser que opta pelo erro e pelo primarismo, oferecendo-se espontaneamente para dificultar a marcha do progresso, como se isso fora possível.

Fortemente inspirado, o abnegado servidor de Jesus, aconselhou o revel:

— *A nossa existência no mundo físico é o que dela fazemos. O bem e o mal caminham lado a lado, cabendo a cada um de nós a eleição daquele que nos é o melhor. De acordo com a opção, viveremos ao compasso das suas consequências, não podendo transferir responsabilidade futura para ninguém.*

Entre os dois mundos

O amigo, infelizmente, tem preferido o desequilíbrio e a insensatez. Oportunidades de crescimento e de valorização da vida não lhe têm faltado. A sua teimosia em permanecer no desvio do dever granjeia-lhe dissabores e desgraças para o porvir, de que muito se arrependerá.

Aceitamo-lo como funcionário de nossa clínica e a você aprouve a delinquência sem qualquer justificação, como se, de alguma forma, o crime tivesse algo que o justificasse. O seu salário era justo e próprio para mantê-lo dignamente na sociedade, enquanto que, através do trabalho, poderia exercer a caridade junto aos pacientes que necessitam de nós. Você escolheu, porém, a sombra criminosa, homiziando na mente e no coração as induções do mal e da perversidade.

Demitido após ser surpreendido na prática odienta, não o acusamos às autoridades, a fim de dar-lhe uma nova chance, e você optou por ceifar-me a existência dedicada ao bem, quando deveria agradecer-me a conduta mantida em relação aos seus deslizes morais. Realmente, isto é uma grande infelicidade para você. Nada obstante, você terá nova oportunidade, porque os Céus misericordiosos interditaram-lhe a mão covarde e o coração ingrato.

Os mesmos Espíritos vigilantes que o impediram da ação nefasta, numa outra oportunidade poderão agir de maneira diversa para ensinar-lhe equilíbrio, utilizando-se de recursos severos... Não se brinca inutilmente com a vida, nem se pode zombar de Deus e das Suas Leis indefinidamente, sem que os efeitos dessa conduta alucinada não se façam presentes.

Dando margem a que ele raciocinasse, pois que parecia ainda aturdido pelo acontecimento, o benfeitor encarnado concluiu:

Manoel Philomeno de Miranda / Divaldo Franco

– *Recorde-se de Jesus, quando dizia aos enfermos do corpo e da alma, aos quais recuperava: "Agora, vão em paz, e não tornem a pecar, a fim de que não lhes aconteça nada pior".*

Envergonhado e trêmulo, Almério gaguejou uma desculpa e saiu quase a correr, tentando esconder o desequilíbrio.

Recuperado, intimamente agradecido a Deus, o infatigável servidor buscou o leito, após os cuidados precedentes.

A consciência do dever retamente cumprido de imediato levou-o ao sono, desdobrando-se parcialmente e vindo ao nosso encontro.

Identificando o Dr. Arquimedes, saudou-o jubilosamente, logo se recordando do incidente que terminara de forma feliz e compreendeu que fora a sua providencial presença que resolvera a questão.

Enquanto conversavam, eu interroguei Germano:

– *Os mentores do nosso amigo não poderiam haver resolvido a trama que se desenhara? Estaria a tragédia inscrita na ficha do processo atual de sua reencarnação? Caso houvesse acontecido, como seria vista pelos encarregados do seu ministério?*

O amigo, que parecia bem informado sobre o assunto, respondeu-me com afabilidade:

– *Sem qualquer dúvida, os instrutores encarregados de orientar o nosso Silvério dispõem de recursos hábeis para impedir acontecimentos dessa natureza. Apesar disso, embora informados do que estava sendo programado contra o seu tutelado, sabiam também que o nosso mentor estava investido da responsabilidade de solucionar o assunto, por motivos pertinentes à nossa visita e em atendimento ao estabelecido pelo irmão Policarpo, a quem diretamente ele se vincula. Como não*

Entre os dois mundos

desconhecemos, em nossos labores sempre deve ser preservado o respeito hierárquico através de cujo mecanismo aprendemos obediência, respeito e serviço.

Em se considerando o passado espiritual do pupilo do venerando amigo, ainda lhe pesam graves compromissos que deverá resgatar pela ação do amor e da caridade incessante. A soma dos serviços de compaixão anula a gravidade dos equívocos antes cometidos. Assim mesmo, embora não estivesse necessariamente sujeito a uma desencarnação violenta, poderia suceder, sem qualquer prejuízo para o seu desenvolvimento evolutivo. No entanto, os seus méritos contribuíram para que tivesse a existência física dilatada, de modo que lhe seja possível servir mais, implantando no mundo a mentalidade do serviço cristão hoje orientado pelo Espiritismo com Jesus. A caridade, neste cometimento, é o alicerce de sustentação do conhecimento iluminativo da inteligência, que demonstra a excelente qualidade de que é portadora a Doutrina Espírita.

Nunca nos devemos olvidar que tudo sempre ocorre para o nosso aperfeiçoamento, se soubermos transformar sombras em claridade, desaires em bênçãos, delitos em mecanismos de reeducação... Caso o insensato inimigo houvesse logrado sucesso no seu desditoso empreendimento, a vítima seria conduzida na condição de mártir da fé, em face de haver sido trucidada no trabalho do bem e por decorrência da sua ação de benemerência. Volveria ao Grande Lar como triunfador, embora, nos primeiros tempos, o trabalho a que se afervora sofresse a natural ausência do seu comando e da sua dedicação. Como, porém, em nosso campo de ação não existem pessoas insubstituíveis, ao seu lado já se encontram companheiros que vêm sendo preparados, não apenas para darem *prosseguimento à obra, como também para multiplicá-la em outros lugares.*

Por isso, o nosso trabalho de oferecer assistência aos missionários que volveram à Terra, a fim de cumprirem o roteiro de real cristianização das criaturas e do planeta, desdobra-se em um elenco de alternativas e diversidades muito grandes.

Petitinga, sempre vigilante, advertiu-nos que o mentor convidava-nos a segui-lo com o jovem médium em parcial desdobramento pelo sono, na direção da sala mediúnica da instituição.

Agradecidos ao companheiro, avançamos para o novo empreendimento espiritual.

17

TRIBULAÇÕES NO MINISTÉRIO

O ministério da mediunidade ainda constitui um grande desafio para o Espírito em processo de reajustamento e de autoiluminação.

O médium não somente é convidado à luta contra as más inclinações que procedem do caminho percorrido em outras etapas, como também àquela que deve travar com os adversários desencarnados, que ainda se comprazem em molestar os obreiros da ordem, procurando manter o estado de sombras e de ignorância que predomina em muitos segmentos da sociedade terrena.

Sentindo-se invariavelmente a sós e carregando o fardo de muitas aflições internas, que não se encoraja a apresentar a ninguém, desde que a sua é a tarefa de aliviar o seu próximo, é instado a silêncios homéricos e a testemunhos constantes, que o capacitam para empreendimentos mais relevantes. No entanto, como toda ascensão é sempre assinalada por grande esforço e expressivos padecimentos pessoais, deve ele equipar-se de coragem e de resistência moral, a fim de enfrentar os empecilhos e gratuitas perseguições conforme aconteceu com Jesus, que lhe deve permanecer na condição de Modelo irretocável.

Quase sempre assediado pelas *trevas*, palavra que abarca os movimentos espirituais negativos que conspiram contra a felicidade dos homens, das mulheres e de muitos outros Espíritos sofredores, está sempre vigiado e tentado por circunstâncias perversas numa crucificação contínua.

Nada obstante mantenha-se em clima de dever retamente cumprido, de vigilância e serviço operante, os seus dedicados mentores não impedem que experimente vicissitudes e incompreensões, sórdidas calúnias, desse modo mais se aprimorando e enobrecendo-se.

Nosso irmão Silvério Carlos não constituía exceção, conforme pude constatar. Dedicado a uma grande obra de amor, na qual centenas de sofredores encontravam diariamente amparo e encorajamento ao lado de legítima fraternidade, embora inspirado por amigos espirituais desvelados, sofria a contingência humana de criatura, os impulsos sexuais que procurava bem direcionar, a solidão que se impusera sob o acicate de pessoas invigilantes e oportunistas, que o desejavam submeter aos seus caprichos rotulados de amor. Não poucas dessas criaturas tornavam-se fáceis presas dos seus obsessores e de outros que buscavam atingir o médium através da irresponsabilidade de que se faziam portadoras.

A oração, o trabalho, às vezes, até a exaustão, constituíam-lhe a melhor metodologia para manter-se em paz. Não almejando outra recompensa que não fosse a vitória sobre si mesmo, não se preocupava muito com as opiniões que eram formuladas em torno da sua pessoa, tampouco com as acusações que eram assacadas contra a sua

Entre os dois mundos

conduta, por se não deixar conduzir pelas paixões primitivas, pelos campeonatos da vacuidade.

Esse comportamento saudável fizera-o granjear, por outro lado, grande estima de pessoas equilibradas que muito o respeitavam, assim como dos seus mentores, que o estimulavam ao prosseguimento das tarefas abraçadas nos momentos difíceis de solidão e de prova.

A sala mediúnica do complexo de edificações era modesta, sem qualquer ornamento que desviasse a atenção daqueles que a frequentavam.

Quando lá chegamos, notei a estrutura de que se constituía, do ponto de vista espiritual. Equipamentos especiais encontravam-se colocados em pontos estratégicos, inclusive camas para tratamentos cirúrgicos em perispíritos enfermiços e deformados, conforme as conhecia em nossa colônia.

Percebendo-me as interrogações sem palavras, o sempre gentil Petitinga elucidou-me:

— *Considerando-se ser esta uma instituição representativa da nossa comunidade na Terra, vem sendo aparelhada para transformar-se num posto socorrista especial para os companheiros de nosso núcleo, que permanecem por mais tempo cooperando com os reencarnados. Para aqui são trazidos muitos complexos processos de obsessão, a fim de serem atendidos, não apenas de desencarnados sobre encarnados, como também de encarnados sobre equivalentes, e destes em cruenta animosidade com alguns desvestidos do corpo físico...*

Também deveremos levar em conta que a legião de recolhidos nos seus departamentos, enfermos, idosos, obsessos, recebem, neste recinto, os benefícios indispensáveis ao reequilíbrio e ao prosseguimento na batalha redentora.

Havia entre 20 e 25 operosos servidores do nosso plano em atividade, atendendo a diversos outros Espíritos em aflição, quando o Dr. Arquimedes solicitou que se desse início à preparação ambiental para o próximo cometimento.

As equipes encarregadas de conduzir os pacientes para outro espaço movimentaram-se com agilidade, mas sem precipitação e, em brevíssimo tempo, especialistas em assepsia psíquica utilizaram-se de aparelhagem adequada para a limpeza da psicosfera e consequente eliminação de vibriões mentais, de ideoplastias mórbidas, restituindo ao recinto a saudável harmonia necessária para a execução do serviço que logo teve lugar.

Os irmãos Germano e Ângelo foram solicitados a trazer Almério desdobrado em corpo espiritual; Petitinga e nós recebemos convocação para conduzir o Espírito renitente que permanecera insistindo para que se consumasse o crime contra o médium e que se encontrava ainda em estado de choque em sala contígua.

Logo depois, os companheiros retornaram com o agressor adormecido e o colocaram em uma das camas indicadas pelo mentor, o mesmo orientando-nos, a Petitinga e a nós, em relação ao necessitado de que fôramos incumbidos.

Um pequeno círculo foi organizado conosco e mais outros orientadores espirituais da associação espírita-cristã e, quando todos estávamos preparados, nosso orientador convidou-nos à bênção da prece, enunciando-a com voz assinalada por uma incomum beleza, resultado da emoção de que se encontrava possuído:

Entre os dois mundos

– *Incomparável Terapeuta: abençoa-nos! Os portadores de enfermidades graves aqui nos encontramos, aguardando o Teu concurso libertador. Somos procedentes de diferentes faixas evolutivas, que se fazem assinalar pelas deficiências que nos tipificam, e em face dos transtornos que nos dominam.*

Nada obstante, temos a honra de conhecer-Te, havendo sido convidados para o ministério da fraternidade libertadora, superando, inicialmente, nossas paixões inferiores, a fim de melhor podermos servir na Tua seara.

À nossa semelhança, muitos encontram neste santuário hospitalar agasalho e repouso, tratamento e compaixão que haurem no Teu psiquismo sublime.

Apesar disso, alguns ainda optam pelo desequilíbrio, recusando-se à renovação indispensável do seu processo de recuperação, preferindo constituir-se pedra de tropeço, para dificultar a ascensão daqueles que se estão esforçando pela conquista da paz interior.

Bem sabemos que não o fazem por prazer, senão por loucura, por desconhecimento das irrefragáveis Leis de Justiça e de Amor.

É para esses irmãos mais doentes que Te rogamos o amparo e a inspiração, a fim de os auxiliarmos no despertamento para a realidade.

Calcetas, atiraram-se no abismo, no qual estorcegam, revoltados, acreditando-se vítimas dos outros, quando poderiam descobrir que a chibata que os esbordoa com vigor é por eles mesmos aplicada.

Cegos da razão, fogem para a agressão, tentando escapar da responsabilidade, sem poderem fugir de si mesmos.

Nós próprios já percorremos esses caminhos de sombra e de amargura, conhecendo-os muito bem.

Por isso, temos compaixão deles, nossos irmãos alucinados, desejando ajudá-los a sair dos dédalos por onde transitam em agonia.

Como nos ergueste, quando estávamos perdidos, apelamos por eles que ainda não sabem pedir, certos da Tua inefável complacência. Eles estão sendo educados pela Justiça inevitável, no entanto, contamos com a Tua Misericórdia, de modo que encontrem a renovação através do amor que se negam, por enquanto, em adotar na mente e no sentimento.

Torna o nosso verbo sábio, o nosso sentimento sublimado, a fim de que lhes penetrem com o poder da luz que dilui toda sombra e permanece para sempre.

Começaremos pelo irmão que se acreditou capaz de enfrentar a Tua obra de caridade, em inditosa tentativa de interromper a vida física do Teu servidor.

Receptivos à Tua direção, iniciamos o nosso ministério iluminativo sob Tua égide sábia.

Louvado sejas, Senhor!

Quando silenciou, encontrávamo-nos envoltos em suave claridade que dominava todo o recinto, enquanto incomum vibração de paz vitalizava os nossos sentimentos.

Almério foi despertado e, um tanto confuso, procurou situar-se no lugar em que se encontrava, estranhando a nossa presença.

Recobrando o discernimento, logo enunciou:

– *Já sei. Vocês são os seres diabólicos que trabalham nesta Casa, disfarçados de anjos para seduzir e dominar os incautos através do malfadado Silvério Carlos, meu desafeto.*

Percebi que o arrependimento de que dera mostras momentos antes, desaparecera, havendo sido resultado do medo, da circunstância inesperada, do que realmente legítimo.

– *Enganas-te, e sabes disso* – argumentou o Dr. Arquimedes –, *porquanto aqui somente viste lições de profundo amor e de bondade. Jamais ouviste qualquer expressão que te faça concluir pelo que acabas de proferir. As mãos de Jesus sempre estão ativas no socorro desinteressado aos irmãos que aportam nestas praias de segurança após as tormentosas travessias pelos mares borrascosos.*

Dizes que o teu irmão Silvério é teu desafeto, mas foste tu quem desonestamente o traiu, fugindo ao dever de atender aos que te eram confiados para assistência, e que o fazias mediante justa remuneração, dominado pela cobiça desonesta de granjear mais recurso, mesmo que sendo resultado do crime...

Não somos a tua consciência, mas podemos lê-la, decifrar o que nela se encontra escrito e que vens tentando esconder.

Em razão da tua ambição desmedida e da tua conduta reprochável, fizeste-te instrumento de um ser diabólico, a ti semelhante, para o covarde crime que irias praticar.

– *Odeio-o com razão, porque ele me demitiu sem dó nem piedade. Arrependo-me de haver-me confessado a ele após o desmaio...*

– *E que querias, se tu cometeste contínuos delitos, infelicitando pacientes aos quais deverias proteger? Não tens o de que reclamar, porquanto ele agiu com misericórdia em relação à tua impiedade, não te denunciando às autoridades policiais por tráfico de drogas e pelo inominável crime de manter o vício entre aqueles que te foram entregues para tratamento. Realmente, a dimensão da tua loucura é expressiva, sobretudo porque preferes a postura de vítima infeliz, quando és o algoz inclemente de muitas vidas.*

A confissão que lhe fizeste foi o mínimo que poderias conceder a quem te ergueu do solo, quando foste tombado pelas Forças do Bem... Embora te sabendo revel, ele te conduziu ao próprio leito onde te acolheu e reconfortou... Por que a insânia predomina em tua razão, quando podes logicar e pensar corretamente? Este é o teu momento de lucidez espiritual, de modo que possas compreender a realidade da vida além da cortina de vibrações materiais em que te refugias por enquanto.

Reflexiona um pouco e compreenderás que és responsável por muitos males, que ainda podem ser diminuídos, especialmente pela tua própria existência que periclita, porque o Senhor, que te concedeu a oportunidade do renascimento no corpo, pode interromper-te a concessão, fazendo-te retornar em lamentável estado de perturbação e de sofrimento.

Nunca subestimes a verdade, a vida na qual te encontras mergulhado. Hoje entenderás melhor as razões ponderáveis que te trouxeram a este santuário, a fim de que pudesses crescer moralmente e que malbarataste.

Aguarda em silêncio e, se possível, pensa em Deus.

Ante a argumentação segura do benfeitor, o infeliz refugiou-se no silêncio e na meditação.

Perfeitamente lúcido e acostumado a transitar em nossa Esfera de ação, Silvério Carlos encontrava-se em atitude respeitosa, receptiva, porque havia percebido que seria utilizado mediunicamente no deslindar do drama que deveria ser atendido naquela oportunidade.

Após conduzirmos o alucinado que programara a quase tragédia, fui concitado psiquicamente pelo mentor a despertá-lo, o que fiz, aplicando-lhe energias nos *chakras* coronário e cerebral.

Entre os dois mundos

Lentamente ele se apercebeu do que estava ocorrendo, e tomado de injustificável fúria, bradou:

— *Que desejam de mim, covardes espirituais?*

— *O amigo poderá denominar-nos como lhe aprouver* — elucidou o mentor —, *nunca, porém, como covardes, desde que não agimos na sombra da obsessão, nem nos escondemos na noite do crime. Antes, estamos sempre diante da grande luz da verdade e do dever.*

Nosso objetivo, porém, vai além do debate de palavras insensatas, havendo-te convocado para responsabilidade mais grave.

A um sinal especial, o médium abnegado concentrou-se no adversário desencarnado, que foi atraído como uma limalha de ferro na direção de poderoso ímã. Vimo-lo envolver o perispírito do intermediário em desdobramento, praticamente se fundindo nos campos vibratórios sutis, transfigurando-o, plasmando uma fácies de ferocidade, quase animalesca. Baba peçonhenta começou a escorrer-lhe dos cantos da boca retorcidos, esgares nervosos sacudiram-no e num movimento brusco abandonou a postura convencional em que estava na cadeira, afastando-se grotescamente.

Dr. Arquimedes manteve-se em grande serenidade, demonstrando saber o que iria acontecer, enquanto todos orávamos com surpresa e piedade, constatando a infinita variedade de ocorrências e fenômenos que permanecem ocultos no ser imortal.

Ainda não tivera oportunidade de participar de um evento mediúnico daquela natureza com as características estranhas em que se apresentava.

O comunicante tentou expressar-se verbalmente, mas não foi além de gemidos e sons desconexos que mais o afligiam e revoltavam.

O amigo Germano foi convidado a aplicar-lhe bioenergia, retirando as espessas camadas vibratórias em que se debatia prisioneiro, para logo concentrar o esforço no plexo solar e na área cardíaca, que expeliam densas vibrações, que logo eram diluídas no ambiente.

Em descontrole quase total, o Espírito, incorporado nas delicadas engrenagens perispirituais de Silvério, tentando desembaraçar-se das forças asfixiantes, terminou por atirar-se ao solo, estorcegando dolorosamente.

Tratava-se de um espetáculo constrangedor. Era triste a constatação de como o ser prefere progredir à força de graves aflições, quando poderia eleger a suavidade do amor com felizes rendimentos emocionais. A realidade, porém, ali estava em toda a sua patética.

– *Meu irmão* – começou o médico devotado –, *que fizeste de ti mesmo? Onde a tua racionalidade, onde as tuas conquistas morais? Retornas, psiquicamente, a faixas inferiores das quais já te deverias haver libertado. O ódio que acumulas injustificavelmente te deforma, ferindo-te a constituição modeladora e volves ao primarismo. Embora a teimosia e revolta, continuas filho de Deus, e o Pai Generoso concede-te esta oportunidade para que te recuperes... Não temas, nem te debatas inutilmente, não lutes contra o aguilhão...*

Dele emanavam ondas especiais que envolviam o paciente, enquanto a palavra lhe era dirigida, acalmando-o, quase lhe provocando choro renovador.

Entre os dois mundos

Convocados a auxiliar, Ângelo e Germano ergueram-no do solo e o conduziram a uma cama preparada para recebê-lo.

Sentindo-se menos aflito e respirando com relativa calma, o mentor propôs, em um transe superficial hipnótico, que ele recuasse. A palavra doce e profunda penetrou-lhe nos arquivos do inconsciente, direcionando-o a determinado período próximo, e ele exclamou:

— *Vejo-me em uma furna sombria, iluminada por archotes vermelhos, sob vigilância de figuras satânicas... Estou deitado e deverei passar por um tratamento cirúrgico... Adormeço... Sinto dores ao despertar...*

— *Fizemos-lhe um implante* — afirmou um dos cirurgiões, verdadeiro monstro espiritual — *para ser comandado a distância por nós. A partir de agora você fará exatamente o que desejarmos. O nosso inimigo é o Crucificado nazareno, a Quem detestamos. Na impossibilidade momentânea de atingi-lO, iremos desestimular o trabalho de Almério Carlos, Seu subalterno e cupincha, objetivando retirá-lo do corpo. Você é nosso robô... Agora vá e encontre lugar para a desincumbência do seu trabalho.*

— *Sinto-me aturdido. Por que eu? Qual a minha ligação com o infame a quem devo destruir?*

— *Recue mais* — impôs-lhe Dr. Arquimedes. — *Viaje através do tempo. Estamos longe, por volta de 1490, em Granada, na Espanha... A velha cidade fundada pelos mouros, no século VIII, houvera atingido o auge do progresso desde o século XIII, tornando-se-lhes a última fortaleza, considerada inexpugnável, nesse país, quando foi quase destruída e reconquistada pelos reis Fernando e Isabel, embora os 60 mil homens convocados para defendê-la, tombando, em definitivo, em 1492, logo depois se tornando sede de arcebispado, portanto, sob a governança clerical. Passados cento e dezoito anos, em face do decreto de expulsão dos mouros da Espanha, Granada entrou em decadência, não obstante as glórias da sua cultura e de suas edificações que permanecerão para o futuro. Detenha-se, na primeira fase, em 1492...*

O Espírito, estimulado a recuar, começou a transfigurar-se, a mover-se em dolorosas contrações, em rudes espasmos que o afligiam.

De imediato, assumindo outro aspecto, com características mouras, começou a blasfemar:

— Quando os abjetos cristãos irão entender que esta terra é nossa?! A nossa fé é sublime e nossos projetos são dignificadores. Matar-nos-ão, sim, em face do número de soldados de que dispõem, porém, não destruirão o Islã, contra o qual lutam, encarniçadamente, há séculos...

Dizem que o seu Guia morreu numa cruz, e o mereceu, porque a humildade que pregava não passava de uma farsa para atrair os miseráveis como Ele, a fim de conquistar o trono de Israel. Fracassado o golpe infeliz, voltam-se contra nós, os libertadores da ignorância e do mal.

O mentor preferiu não discutir, sugerindo:

— Recorde-se mais, revivendo os acontecimentos que tiveram lugar após a queda da cidade...

— Estou encarcerado num imundo porão com outros heróis que sucumbiram no fragor da batalha desigual... Corpos apodrecidos multiplicam-se sobre as palhas fétidas. A ferros, preso a uma parede imunda, acompanho o julgamento das vítimas. As sombras sórdidas dos religiosos são projetadas pelas labaredas crepitantes da fornalha que arde.

Entre os dois mundos

Arrastam-me, escouceiam-me, aplicam-me o látego aguçado com pontas metálicas, que mais me dilaceram as carnes rasgadas. Sou um destroço humano...Exigem-me arrependimento, que me confesse, que revele onde se encontram os nossos tesouros guardados na Alhambra...

Vejo o infame espanhol. Aspecto cadavérico, frio e inclemente, manda que me torturem, golpeando-me os órgãos genitais, que produzem dores insuportáveis... Desmaio e desperto sob jorros d'água de imundos baldes. E as vozes gritam-me que revele o lugar onde estão o ouro e as joias, e que serei perdoado... Não posso raciocinar... não tenho forças para falar... Arrancam-me as unhas, uma a uma... Desfaleço... Uma lança mal aplicada encerra minha vida... Não morro... Enlouqueço e sou recebido por uma horda de extravagantes alucinados que me arrebatam...

– Realmente, meu irmão – informou-o o mentor –, aí começam os ódios irracionais que os jungirão, você e o nosso Silvério Carlos. O passado é o leito onde dormem as nossas desavenças, que despertam no tempo, carregadas de infelicidades, exigindo-nos modificação de atitude.

– O maldito que me destruiu, em nome do seu Pastor, continua a Seu soldo... É justo, portanto, que nossos maiorais, defendendo nossa crença, exijam-lhe a hedionda existência, a fim de que também seja julgado e atirado aos infernos, de onde procedo, por sua culpa.

– Ainda, porém, não é tudo. Você necessita, agora, de avançar no tempo, deixando para trás aquele momento insano de ambas as vidas. Direcione o seu pensamento para o ano de 1610, quando aconteceu a expulsão dos mouros da Espanha. Recorde-se...

Movendo-se, dolorosamente, o Espírito começou a gritar:

— *Ei-lo de volta, o insaciável, que me persegue... Sigo Maomé e sou fiel ao Corão... O desalmado prossegue, mascarado de religioso e é inclemente. Erguendo uma cruz, que me golpeia a face, impreca: "Renega a heresia e salva a tua alma, já que não podes salvar o teu corpo". Estou numa fogueira prestes a arder. A gritaria é infrene e o desespero toma conta da cidade. Soldados e mercenários matam, estupram, roubam, incendeiam... A alucinação tomou conta da cidade. Não vejo mais quase nada, exceto as labaredas crepitantes que me devoram o corpo, a fumaça que me asfixia e a voz do desgraçado impondo-me a apostasia impossível... Sufoco, morro... Novamente as forças do mal me arrastam...*

— *Eis a razão, meu amigo* — elucidou o diretor espiritual —, *do ódio existente no seu coração, bem como na mente de terríveis chefes das trevas, que se encontram em Regiões infelizes, comandando suas vítimas, a fim de que façam o nefando trabalho que não têm como executar, em razão das suas baixíssimas vibrações morais, que lhes não permitem contato direto com aqueles a quem detestam... Mergulhados no ódio, multissecularmente, não fruíram um momento de paz, e, por isso mesmo, escondem-se no labirinto da tormenta espiritual onde resfólegam, manipulando todos quantos lhes caíram nas malhas.*

Aquele que tanto o afligiu, porém, já não é o mesmo. Nesse largo período, que medeia os dias transatos destes tempos, ele experimentou renascimentos muito dilaceradores, na lepra, na loucura, na paralisia, até que a Misericórdia Divina o concitou à reabilitação pelo amor. Atualmente, sob a inspiração de Jesus, que você não conhece, vem reunindo suas vítimas de

Entre os dois mundos

antanho, a fim de auxiliá-las no encontro com a vida, com a esperança e com a paz. Mais de trezentos anos de sofrimentos contínuos, de escárnio, de solidão, de trânsitos dolorosos por veredas ásperas credenciaram-no ao amor, que vem vivenciando junto àqueles mesmos a quem afligiu...

O querido irmão está entre esses.

— E se eu não quiser ou não conseguir perdoá-lo?

— Sofrerá o efeito da própria rebeldia. Neste momento, não é ele quem necessita do seu perdão, mas você que dispõe da oportunidade de ser feliz, e, para tanto, ei-lo auxiliando--o no tentame, oferecendo-lhe os recursos espirituais para este diálogo.

Tomado de grande espanto, o sofredor percebeu encontrar-se utilizando-se da mediunidade daquele a quem detestava. Ficou aturdido e sem palavras...

— Sim, meu amigo, o Amor de Deus não tem limites. É da Lei Divina que o algoz alce às cumeadas da felicidade todos aqueles que atirou ribanceira abaixo, quando enlouquecido. Eis o antigo verdugo distendendo-lhe mãos generosas, rogando--lhe perdão sem palavras, oferecendo-lhe conforto moral e energias de refazimento. Será justo negar-lhe a chance de crescer com você?

Pranto inesperado tomou conta do comunicante, que estorcegava sob os camartelos íntimos das aflições não compreendidas.

Antes mesmo de entender tudo quanto se passava, o mentor aplicou-lhe passes, desvinculando-o do médium em desdobramento parcial pelo sono fisiológico e transferiu-o para um dos leitos, no qual foi colocado carinhosamente, após o que, elucidou:

Manoel Philomeno de Miranda / Divaldo Franco

– *Iremos operá-lo, a fim de libertá-lo do comando do mal. Não tenha qualquer receio, e se possível, seja como for que você ame a Deus, chame-O com ardor, deixando de lado o ressentimento e a revolta.*

Podia-se perceber a mudança que se operava no paciente espiritual, que agora adormeceu com tranquilidade.

Assessorado pelos nossos Ângelo e Germano, o nobre esculápio, utilizando-se de instrumentos que me faziam recordar aqueles que eram usados nos tratamentos cirúrgicos da Terra, porém mais sofisticados, um dos quais emitia um finíssimo jato de luz, semelhante ao laser, retirou a célula fotoelétrica, que se lhe encontrava implantada no lobo temporal esquerdo.

Transcorridos alguns minutos em que se realizara a cirurgia reparadora, o paciente espiritual foi transferido para uma sala contígua onde se recuperaria, iniciando nova etapa do seu processo evolutivo.

Almério, que se encontrava profundamente amedrontado ante tudo quanto acompanhara, começou a chorar...

Dirigindo-lhe a palavra, Dr. Arquimedes explicou-lhe:

– *A tua sandice permitiu que te tornasses instrumento do mal, a fim de ferir o benfeitor de muitas vidas, bem como da tua... Ignoras que os acontecimentos de hoje tiveram procedência no ontem, assim como a árvore frondosa veio da semente pequenina. Estás agora equipado de conhecimentos para mudares de vida, seguindo o caminho do dever e da ordem, recomeçando de onde tombaste, pois que sempre há oportunidade de reparação para todo aquele que erra. No entanto, há sempre limites que não podem ser ultrapassados... Tem cuidado, e desperta para os valores imperecíveis da vida, enquanto é tempo.*

Entre os dois mundos

Convidados, Petitinga e nós, acercamo-nos do Espírito assustado, aplicamos-lhe energias reparadoras e o conduzimos de volta ao domicílio onde o corpo repousava.

Quando volvemos à sala de reunião, a equipe de trabalho estava preparando-se para o seu encerramento.

Silvério Carlos apresentava-se bem-disposto e renovado, irradiando simpatia e gratidão a Deus.

Com sentida oração, feita de reconhecimento e júbilo, nosso benfeitor concluiu os trabalhos daquela madrugada, convidando-nos a retornar ao núcleo que nos servia de base na Terra.

Não podendo sopitar as interrogações que me bailavam na mente, indaguei ao caroável Petitinga:

— *Tivemos um exemplo de obsessão por telecomando entre Espíritos desencarnados. É isso comum ou trata-se de uma experiência inusual?*

— *O que vimos* – respondeu, ponderando, o amigo – *é pequena parte de uma ocorrência que se torna comum, em face das habilidades que possuem os Espíritos perversos, que deambularam por academias terrestres e trouxeram o conhecimento que ora aplicam desvairadamente.*

O conhecimento, como não podemos esquecer, parte do nosso Mundo para a Terra, que materializa as conquistas que são realizadas na Esfera causal. No entanto, providências infelizes e técnicas afligentes são trazidas da Terra, já que esses comensais do desespero não dispõem de mecanismos para assimilar as inspirações superiores que promovem o progresso. Vivenciando recursos que aplicaram equivocadamente, ao despertarem além do corpo, recuperando a memória, utilizam-nas para os fins que lhes parecem próprios. É o caso do implante que foi retirado pela habilidade do nosso benfeitor.

– *Que acontecerá com o Espírito socorrido?*

– *Será recambiado à nossa Esfera, onde passará por um período de recuperação, a fim de volver à reencarnação com outras disposições espirituais. Ninguém ascende e conquista a plenitude, sem que aplaine e limpe os caminhos que ficaram atulhados de problemas. Todos passamos por experiências amargas, de que hoje nos arrependemos. No entanto, graças ao inefável Amor do Pai, temos sido honrados com as oportunidades de refazimento e de renovação.*

– *E ele encontrará o nosso irmão Silvério?*

– *Provavelmente, porquanto também é da Lei que, onde estiver o devedor aí se instale o cobrador... No caso, porém, em tela, o nosso médium já não lhe tem qualquer dívida, em face do bem que lhe proporcionou e dos braços abertos à fraternidade em geral a que se dedica.*

– *E que acontecerá com Almério?*

– *Penso* – respondeu o amigo, com a sua afabilidade incansável – *que virá integrar-se, oportunamente, nas atividades de beneficência da associação que pensou em prejudicar. Despertando com vagas lembranças do que assistiu, estão-lhe impressos no inconsciente profundo os admiráveis labores de que participou, e que ressumarão suavemente como necessidade de transformação moral, de mudança de rumo.*

O verbo quente e amigo do nosso missionário da caridade chegar-lhe-á, agora, de maneira diferente, e ele experimentará uma empatia até então não conhecida, tornando-se-lhe amigo... Pelo menos, assim espero que aconteça...

...E sorriu de maneira fraternal e gentil.

18

VALIOSAS EXPERIÊNCIAS ESPIRITUAIS

O retorno ao nosso núcleo temporário ensejava-nos renovação interior, aprofundamento de reflexões, diálogos mais tranquilos com o nosso diretor espiritual que, sempre atento, mantinha-se receptivo às nossas interrogações.

Outrossim, podíamos intercambiar experiências com outros grupos em atividade similar, embora em áreas outras específicas.

Esse enriquecimento espiritual constituía-nos uma fonte de encorajamento para os futuros cometimentos, em tudo descobrindo sempre a paternal presença do Amor de Deus.

Embora amanhecesse lentamente, o zimbório estava recamado de astros lucilantes cujo brilho ia diminuindo ante os primeiros reflexos róseos que desenhavam arquipélagos da claridade do novo dia...

As brisas do mar sopravam trazendo o odor do haloplâncton que absorvíamos, revitalizando-nos com energias especiais.

A movimentação em nossa comunidade era muito grande: umas caravanas que chegavam e outras que se afastavam em azáfama abençoada.

Realmente não existe o repouso absoluto, a ausência de atividades dignificadoras. A pobreza das percepções humanas dá uma ideia irreal do que acontece além das dimensões orgânicas entre os dois mundos.

Porque não tivéssemos compromisso especial durante o dia, ficamos liberados para atendimento de interesses outros de natureza pessoal.

Com a permissão do Dr. Arquimedes, Petitinga, Ângelo, Germano e nós resolvemos visitar respeitável Sociedade Espírita, em cidade próxima, onde se desenvolviam programas de educação espiritista para a infância e a juventude com vistas ao futuro da sociedade.

Desejando conhecer de perto o profícuo labor, dirigimo-nos jubilosamente ao núcleo-escola, no qual defrontamos uma ordeira movimentação.

Recepcionados pelo abnegado Espírito Arthur Lins de Vasconcellos, que ali estava representando os guias da instituição, tomamos conhecimento da programação iluminativa das consciências em formação, bem como dos grandes investimentos espirituais que eram aplicados no despertamento dos valores morais desses viajores do porvir, que reiniciavam a jornada carnal.

O lúcido seareiro do Espiritismo, que muito se dedicara, quando na Terra, à tarefa de divulgação da Doutrina, pela palavra oral e escrita, mas, sobretudo, pelos exemplos de abnegação e de devotamento ao bem, explicou-nos que ali se encontrava laborando com outros companheiros vinculados à responsabilidade de preservar a pulcritude dos

Entre os dois mundos

postulados herdados do ínclito codificador. Aqueles eram dias de grave perturbação entre as criaturas, nos quais a vulgaridade e a ignorância desejavam pontificar, inclusive através de propostas descabidas que pretendiam introduzir no arcabouço do Espiritismo, buscando, dessa forma, atrair adeptos levianos e inconsequentes.

Cabia-lhe, como a outros tantos vanguardeiros do pensamento espírita, ora desencarnados, inspirar os companheiros que jornadeiam no carro físico, auxiliando-os no discernimento dos postulados doutrinários e na sua manutenção, a fim de que o escalracho das distorções e adaptações sem sentido não medrasse, ameaçando o trigo saudável e nutriente da mensagem libertadora.

Aos domingos, naquela sociedade, além das atividades com as crianças e os jovens, também se realizavam sessões de esclarecimentos para o público, quando se aplicavam recursos bioenergéticos aos necessitados de vária ordem, que a buscavam.

Desse modo, muito bem assessorados, visitamos as salas, onde grupos de gárrulas crianças ouviam com incomum interesse as aulas bem elaboradas sobre as origens do ser, seu destino, suas responsabilidades e deveres, o amor e a fraternidade que dimanam da fonte inexaurível da Codificação Espírita.

Igualmente acompanhamos com emoção os monitores encarregados das oficinas com os jovens, ministrando-lhes informações e esclarecimentos sobre a vida e sua finalidade, questões outras fundamentais do dia a dia, e a postura espírita diante da promiscuidade moral reinante em quase toda parte.

Inspirando esses orientadores, generosos amigos de nosso plano envolviam-nos em vibrações de elevado teor de paz, que lhes renovavam o organismo, liberando-os dos clichês sensuais uns, perniciosos outros, que acumulavam durante a semana. Ao mesmo tempo, os guias espirituais dos alunos cooperavam na formação do seu caráter e da sua personalidade, aplicando-lhes vigorosas forças fluídicas para a estruturação da existência, que deveriam pautar em linhas de equilíbrio e de paz.

O conhecimento do Espiritismo na infância como na juventude constitui uma dádiva de invulgar significado pelos benefícios que propicia, preservando as lembranças das lições trazidas do Mundo espiritual, bem como ampliando as áreas do discernimento, para que não tropecem com facilidade nos obstáculos que se antepõem ao processo de crescimento interior.

Pude observar, também, que algumas crianças perturbadas por adversários insanos, atendidas em classe especial, recebiam, além das bases formadoras da educação espírita, o socorro específico para libertá-las da injunção penosa em que se encontravam.

– *Alguns desses inimigos* – elucidou-nos o amigo Lins – *ficam retidos em nossas fronteiras, a fim de receberem, no momento adequado das reuniões mediúnicas, o socorro de que carecem, despertando para nova ordem de valores e de pensamento. É certo que, em determinadas situações, não podemos ir além do que nos é permitido, mas sempre nos é lícito auxiliar as vítimas e os seus perseguidores.*

– *Não podemos olvidar* – adiu Petitinga – *que toda palestra edificante, toda aula de esclarecimento tem poder psicoterapêutico. Em se tratando de lição espírita, em face dos seus*

Entre os dois mundos

fundamentos, torna-se de incalculável significado curativo para a alma, pelo poder de esclarecer a criatura, encarnada ou não.

— *Laboratório de realizações profundas* — opinou Germano —, *a Casa Espírita que se mantém fiel às diretrizes da Doutrina consegue o salutar objetivo de modificar as delicadas tecelagens do pensamento humano, nele insculpindo paisagens atraentes e fecundas.*

Enquanto seguíamos ao salão principal onde se realizariam os estudos do dia, no corredor encontramos pequenos grupos de Espíritos entretecendo considerações.

Chamou-me a atenção o comentário de uma dama desencarnada, que narrava a outra que lhe estava ao lado:

— *Hoje me é um dia muito gratificante, pois que consegui trazer meu filho, que está enveredando pelo abismo do alcoolismo. Através de um amigo, a quem se afeiçoou, inspirei-o a conduzi-lo até aqui, a fim de que ouça a palestra, que espero penetre-lhe o coração, despertando-o para os deveres do lar e da família, que vêm sendo descuidados.*

Um cavalheiro de meia-idade, por sua vez, explicava a outro, que aguardara aquele momento com muita ansiedade, porquanto pretendia confortar a esposa que ficara na viuvez e agora estava sendo perturbada por um conquistador vulgar, que desejava apossar-se dos recursos que ele deixara para a sua sobrevivência.

Enfim, muitos desencarnados encontravam-se em grande expectativa a respeito do tema do dia, de forma que pudessem solucionar problemas prementes que os inquietavam.

Um rapaz de boa aparência física e psíquica, comentava com a esposa:

– Trata-se de uma verdadeira dádiva de Deus esta reunião dominical. A semana transcorre entre sufocos de toda ordem e não tenho tempo para melhor reflexionar em torno dos compromissos espirituais. Não poucas vezes, chegando ao lar, cansado e desgastado, não me sinto animado a vir às atividades doutrinárias, e quando isso ocorre, o estresse, a indisposição invadem-me. Certamente, após as reuniões sinto-me renovado. O grande problema está no desafio para vir até aqui.

Fazendo uma breve pausa, concluiu:

– Em face desta reunião matinal, conseguimos dois objetivos: trazemos as crianças para aprendizagem especializada e dispomos de paz de espírito para cuidarmos também da nossa evolução. É certo que não basta, mas de alguma forma facilita a solução da dificuldade.

– De pleno acordo! – respondeu a senhora. *– Preparo-me para vir às palestras dominicais com alegria, certa de que receberei a orientação e as forças morais, fluídicas, para as labutas diárias.*

Emocionados, estreitaram as mãos, sorriram e predispuseram-se à mensagem que verteria do Alto na direção de todos.

Concomitantemente, muitos encarnados se encontravam também acompanhados por assessores do seu comportamento, conforme as inclinações de cada um.

Verifiquei que a multidão de desvestidos da matéria era bem maior do que a constituída pelos companheiros terrenos.

O amigo Lins apresentou-nos a uma veneranda Entidade que se dedicara ao atendimento infantil, naquela cidade, havendo criado uma obra de benemerência que lhe conservava o nome envolto em gratidão.

Entre os dois mundos

– *A morte* – disse-nos com modéstia – *é a grande desveladora da verdade. Enquanto me encontrava na neblina carnal anelava por serviço e procurei realizá-lo dentro dos limites que me caracterizaram. Empenhei-me, quanto pude, e pensei haver feito o máximo ao meu alcance. Em aqui chegando, depois de vencer o Estige, pude constatar quanto pouco havia realizado e quanto poderia ter feito, se mais me houvera dedicado... Constatei, algo tardiamente, que, enquanto o dia urge, sempre nos é possível produzir mais na Seara de Jesus.*

Assim mesmo, como não há interrupção de planos, projetos e ações, através da desencarnação transferimo-nos somente de lugar e de endereço, continuando conforme somos. Felizmente, dando-me conta das responsabilidades que me compete atender, venho procurando prosseguir, trabalhando nesta valorosa equipe de lidadores do bem.

– *Por minha parte* – interferiu uma simpática senhora, também do nosso plano –, *acreditei que a mediunidade de que me encontrava investida, deveria ser praticada somente nos dias reservados às reuniões que frequentava. Não me conscientizei de que se é médium durante as 24 horas do dia... Assim, tenho hoje a tarefa de estimular os companheiros portadores de faculdades mediúnicas a que não desfaleçam nas lutas e não se permitam justificativas para postergar os benefícios que podem ser distribuídos mediante a aplicação das forças espirituais de que são portadores.*

Olvidam-se muitos amigos do exercício mediúnico de que, à medida que se entregam ao afã educativo das faculdades, mais ampla penetração conseguem nas dimensões extrafísicas. Dia virá, no entanto, em que a mediunidade estará tão natural em todas as vidas que os indivíduos se tornarão maleáveis, dóceis à inspiração dos seus guias espirituais, alargando as fronteiras da vida física...

Naquele momento, adentrou a sala um Espírito de alta estirpe, que se fazia acompanhar por um grupo de nobres mulheres desencarnadas. Sorridente e jovial, era identificada por quase todos da nossa Esfera de ação que ali se encontravam.

— *Trata-se da vovó Adelaide Schleder* — socorreu-nos Lins, sempre prestimoso —, *cuja existência na Terra foi um evangelho de feitos. Além de educar a família, que conduziu com segurança pela trilha do Espiritismo, dedicou-se com as filhas à obra do berço, cuidando de preparar enxovais para as crianças desvalidas, conforme eram denominadas, à época, aquelas que hoje são chamadas excluídas... Com um grupo de senhoras e de senhoritas devotadas manteve até além dos 90 anos de idade frutuosas realizações de beneficência, transformando-se em exemplo vivo de caridade, que a adornou de luzes para sempre. Ela prossegue inspirando outros grupos a realizarem o mister socorrista, nunca deixando de participar das palestras dominicais de nossa Casa.*

A psicosfera ambiente, que era muito agradável, com a sua presença e do seu grupo tornou-se mais diáfana, iluminada, recendendo delicado perfume de rosas...

Nesse comenos, foi composta a mesa diretora da reunião e o responsável proferiu comovida oração, a todos sensibilizando-nos.

De imediato, a palavra foi passada a um jovem orador, que visivelmente inspirado pelo seu mentor e pelo guia espiritual da Casa, abordou com propriedade e alto senso de equilíbrio o tema *Caridade.*

Entre os dois mundos

Após entretecer considerações de natureza teológica em torno da virtude por excelência, procurou explicá-la sob o ponto de vista espírita, demonstrando que tão valioso quanto o pão que se distende ao esfaimado é o salário que se lhe concede, a fim de liberá-lo da necessidade; que é de alto significado o gesto de doação do medicamento ao enfermo, no entanto, referiu-se que a orientação moral, a fim de que se liberte das mazelas internas, tem um sentido mais profundo; que o agasalho que aquece é lição de desprendimento de quem o doa, mas o diálogo fraterno com o desamparado representa ato mais expressivo; que os passes reconfortantes são de alta magnitude para quem se encontra aturdido na obsessão ou noutro desequilíbrio qualquer, todavia, o esclarecimento em torno das causas da aflição tem sentido de emergência...

– *Não apenas dar coisas* – disse, enfático –, *mas doar-se, oferecendo-se ao mister de esclarecimento, de compreensão, de bondade. Além da contribuição externa é indispensável a iluminação interior, que dignifica o caído e o alça à posição de equilíbrio.*

Sempre, quando falamos em caridade, ocorre-nos, à mente, o gesto de oferecer qualquer valor material, esquecendo-nos, não poucas vezes, da oferta superior do perdão, da compreensão fraternal, da compaixão, naturalmente que sem descuido da outra dádiva, a material, que atende a aflição dominante...

Mais adiante, ampliando as considerações, enunciou:

– *Os vícios campeiam à solta. O alcoolismo adquire cidadania em nossa sociedade equivocada. Nos lares, em quase todos, existe o bar, nos mais sofisticados, ou a bebida desta ou daquela qualidade, nos mais modestos, para oferecer aos convidados, demonstrando-lhes falsa consideração. De ato social*

209

Manoel Philomeno de Miranda / Divaldo Franco

pernicioso à dependência alcoólica malévola, há apenas pequena distância, que é a repetição do hábito. Associando-se a esse
costume enfermiço, Espíritos doentes e infelizes que enxameiam
na Erraticidade inferior, desejando prosseguir na viciação a
que se entregaram, acercam-se do insensato e passam a utilizá-
-lo até a exaustão.

A caridade para com todos é a atitude de sobriedade, de
morigeração, de educação dos costumes. Se alguém se encontra
habituado ao uso do álcool e busca-o em nosso lar, em nossa
companhia, é caridade para com ele orientá-lo, induzi-lo à
libertação do cruel inimigo da sua saúde e da sua paz.

A caridade apresenta-se, portanto, sob formas muito sutis,
que nem sempre chamam a atenção ou sequer são consideradas.

Imaginemos alguém viajando em solidão pelos caminhos terrestres, em face da desencarnação de um ser querido.
Inegavelmente, encontra-se sob camartelos que lhe mortificam
o corpo e a alma. O ser amado que viajou, no entanto, não
se extinguiu, e aguarda o reencontro. Todavia, a insatisfação
que toma conta daquele que ficou no mundo físico, indu-lo a
iludir-se com quimeras de prazer, envolvendo-se em aventuras
que se transformam em sofrimentos que não se encontravam
estabelecidos pela Lei de Causa e Efeito.

Não será um ato de amor e de caridade para com aquele
que se foi, preservar-se, manter-se-lhe fiel, transformar os sentimentos doloridos em um poema de dedicação? É certo que não
defendemos a tese medieval ou supersticiosa de algumas tribos
indígenas que impõem às viúvas acompanharem os seus esposos
desencarnados e morrerem, seguindo-os após... Referimo-nos
à inquietação perturbadora, ao tormento sexual transformado pela mídia ultrajante em necessidade imperiosa, como se a
criatura humana fosse apenas o seu aparelho genésico...

Entre os dois mundos

Mais adiante, ainda sob o influxo dos seus mentores, que atendiam às necessidades do auditório, enviando mensagens a cada uma das aflições que tipificavam os ouvintes, depois de profunda peroração, concluiu, emocionado:

– *Caridade sempre. Todas as expressões de caridade são manifestações de grandiosidade moral e espiritual do ser humano. A caridade, porém, do perdão das ofensas, da misericórdia para com os agressores, da compaixão para aqueles que fomentam a miséria social, econômica e moral do seu próximo, tem regime de urgência. Por isso, a divulgação da Doutrina Espírita, conforme a herdamos do eminente codificador e daqueles que a preservaram para a nossa felicidade, é caridade que não pode ser postergada, pelo poder de libertação da ignorância e das algemas do vício a que se prendem os infelizes.*

Uma palavra, portanto, de bondade e de orientação, um gesto de misericórdia e de entendimento, sempre funcionam positivamente, ainda mais quando aureolados pela ação do bem. Onde vicejem, portanto, as bênçãos do amor, a caridade é a alma do sentimento, fora da qual não há salvação, não há paz.

Estávamos edificados. Encerrada a reunião, diversas pessoas acercaram-se do expositor para abraçá-lo, para entretecerem considerações, entre as quais, o jovem que avançava para a dipsomania e a senhora viúva, referida, que pareceu despertar do letargo imposto pela fantasia de um novo matrimônio...

Todos comentaram a oportunidade da palestra, a orientação que receberam, enquanto os seus familiares desencarnados, aqueles que os trouxeram, exultavam em face da recuperação das ovelhas que estavam a caminho da perdição e foram resgatadas em tempo...

O amigo Lins, por sua vez, exteriorizava o mesmo júbilo, e porque percebesse que deveríamos retornar ao posto de serviço, convidou-nos a visitar oportunamente a clínica psiquiátrica da respeitável instituição, em fase de perfeita identificação com as atuais conquistas da mente e do comportamento, ao lado das incomparáveis contribuições do Espiritismo, nessa mesma área.

19

COMPROMISSOS DE LIBERTAÇÃO

Dispensável informar que retornamos ao núcleo central de atividades refertos de júbilo e de gratidão a Deus.

Compreendendo, cada vez mais, o significado das realizações doutrinárias do Espiritismo, concluímos que a sua contribuição psicoterapêutica para a criatura excede a apreciação simplória que muitos fazem.

Nesse labor, além da convivência fraternal entre os indivíduos, a programação de trabalho encontra maior receptividade, diluindo dificuldades superáveis e transtornos que são gerados pela incompreensão, pela distância entre os seus trabalhadores e por deficiência de comunicação. Nessa oportunidade, alargam-se os horizontes da amizade, induzindo a maior companheirismo, em verdadeira construção familiar fora dos impositivos biológicos. Esse contato espiritual esclarecedor impede a sementeira da maledicência, dos ciúmes, dos melindres, das antipatias existentes em todos os grupos sociais, que respondem por crises de administração e de prosseguimento de compromissos.

Ademais, a renovação do pensamento que se haure nas informações da Doutrina, que sempre dispõe de aspectos ainda não devassados, a todos enriquece de ideias e de projetos, de entusiasmo e de alegria de servir.

Assim, procuramos meditar em tudo quanto apreendêramos, auscultando a Natureza rica de bênçãos e introjetando as informações.

No momento adequado, nosso mentor convidou-nos a uma breve reunião, na qual explicou:

— *Deveremos receber, procedente de nossa Esfera, dentro de poucas horas, um candidato à reencarnação cuidadosamente programada. O mapa da organização física já foi elaborado e todo o projeto da futura existência está aprovado por nossos maiores, para pronta execução.*

Trata-se de velho lidador das hostes espíritas, no fim do século XIX e parte do XX, que retorna ao orbe terrestre com tarefas específicas em nosso campo de divulgação e ampliação do conhecimento, fortalecendo a ponte entre a Ciência e a Religião. Em face das suas conquistas intelecto-morais predispôs-se ao trabalho gigantesco das pesquisas de laboratório, utilizando-se dos modernos equipamentos e da atual fase do conhecimento para enfrentar o materialismo, o qual se refugia, como seja, nas academias...

Portador de excelentes dotes cristãos, espírita que será, por segunda vez, poderá trilhar os caminhos ásperos com decisão, transpostos os desafios iniciais da programação em pauta.

Cabe-nos a tarefa de conduzi-lo ao futuro lar, onde hoje se dará a imantação inicial para a concepção física e o consequente processo de reencarnação.

Entre os dois mundos

Ficamos eufóricos com a notícia, que me ensejaria participar, pela segunda vez, de um projeto reencarnatório com tal magnitude.

Mais ou menos, às 22h, recepcionamos pequeno grupo de benfeitores espirituais que traziam o felizardo candidato à viagem carnal, a ser empreendida, logo mais.

Eu estava diante de insigne trabalhador, que tivera oportunidade de conhecer na Terra, através das suas obras, e em cujos textos encontrara segurança e conforto moral para dedicar-me às tarefas a que me afeiçoara, na União Espírita Baiana, ao lado de José Petitinga.

Apresentando-se cordial e simpático, não ocultava a expectativa da feliz ocorrência que o conduziria na matéria por algumas dezenas de anos porvindouros.

Após explicações iniciais, agradecimentos àqueles que compartilharam da viagem até o nosso núcleo, explicou-nos, algo jovialmente:

— *Para o cometimento, fui preparado com infinito carinho, por dedicados seareiros de Jesus. A reencarnação, no entanto, é sempre excelsa concessão de Deus, que nem sempre sabemos utilizar conforme esperado... O mergulho, na densa neblina carnal, de alguma forma diminui a intensidade da lucidez a respeito dos compromissos assumidos, permitindo-nos desfalecer. Ao mesmo tempo, o reencontro com amigos que deixamos na retaguarda, quando em nós predominava maior soma de egoísmo e de despautério, provoca choques e reações, às vezes, imprevisíveis. Da mesma forma, pululam os adversários do progresso, que não trepidam em agredir, dificultar, malsinar as horas de quem opera no bem.*

Confio, no entanto, no Senhor da Vida, que não nos abandona em momento algum, bem como na ajuda providencial dos benfeitores que se encarregaram de programar o próximo evento, acompanhando-me durante todo o trânsito orgânico.

Não obstante, solicito também aos caros amigos que aqui permanecerem que, dentro das suas possibilidades futuras, acorram em meu auxílio, a fim de que o esforço desprendido pelos nossos guias não seja desperdiçado por imprudência ou descontrole de minha parte.

Elucidou-nos que já conhecia os futuros pais, aos quais se encontrava familiarmente ligado por experiências anteriores e que eram portadores dos elementos biológicos saudáveis de que necessitava para o bom desempenho da tarefa. Esclareceu, também, que teria, na família, um irmão enfermo, portador de alienação mental, que lhe constituiria instrumento de renovação, de paciência e de vivência das sublimes propostas evangélicas, a fim de o auxiliar, bem como aos pais transidos de dor.

Igualmente, explicou-nos que fora submetido a tratamentos especiais no perispírito, de forma que assimilasse recursos fluídicos e de outra natureza para a consecução do empreendimento. Recebera, por vários meses, passes magnéticos em câmaras especiais e fora submetido a várias alterações na estrutura orgânica e na forma – diminuição da estrutura perispiritual – para facilmente adaptar-se ao processo da reencarnação. Diversas vezes, em transes hipnóticos, fora induzido à conscientização do trabalho a realizar, de forma que ficassem impressos nos arcanos do Espírito as diretrizes e os procedimentos porvindouros. Igualmente, visitara os futuros pais, procurando sintonia propiciadora do êxito, especialmente com aquela que lhe concederia o sacrário generoso para a futura forma, no qual, em perfeita

Entre os dois mundos

comunhão mental, deveria desenvolver os órgãos e despertar os sentimentos.

Todos partilhamos das abençoadas ansiedades do irmão Aurino, sintonizando com as suas emoções e envolvendo-o em uma aura de simpatia favorável ao êxito.

No momento oportuno, seguimos à residência que o hospedaria a partir daquele momento.

O casal estava recolhido ao leito e adormecera após a comunhão sexual realizada em clima de inefável amor.

Antes de nos adentrarmos na recâmara, Aurino solicitou permissão para orar, preparando-se para o cometimento anelado, no que o acompanhamos profundamente sensibilizados.

Os futuros pais encontravam-se parcialmente desprendidos, aguardando o filho que receberiam nos braços do amor e da responsabilidade.

Foi o nosso benfeitor quem os aproximou, elucidando quanto ao significado da empresa espiritual, que naquele momento se iniciaria.

A senhora, demonstrando imensa ternura, teve os olhos marejados de pranto.

Nesse momento, por sugestão do benfeitor, Germano foi convocado a aplicar recursos especiais em Aurino que, induzido hipnoticamente, foi diminuindo de tamanho e aspecto até apresentar-se como uma criancinha nos primeiros dias do renascimento corporal.

Acompanhávamos o desenvolvimento do processo com alegria e surpresa crescentes até vê-lo concluído. Ato contínuo, o Espírito, em forma infantil, foi entregue à futura mamãe que o cingiu no peito arfante, enquanto lhe dizia docemente:

– *Serás um astro que engastaremos no coração. Velaremos por ti, teu pai e eu, cuidando da tua existência. Trabalharemos os teus valores para que alcancem a plenitude e, um dia, quando voltares ao Grande Lar, estejas ornado pelos louros da vitória.*

O futuro genitor acercou-se mais, abraçou os dois enternecidamente e deixou-se vencer em silêncio pelas lágrimas de felicidade.

Tornava-se mais vigoroso o envolvimento psíquico entre filho e pais, especialmente com a mãe que, de alguma forma, auxiliá-lo-ia na modelagem da organização física.

Incontinente, Dr. Arquimedes solicitou-nos que nos concentrássemos no aparelho genésico do corpo da senhora adormecido no leito.

Como se estivéssemos utilizando-nos de um microscópio de alta potência, pudemos ver os espermatozoides aos milhões ascendendo pelo conduto vaginal na direção da trompa de Falópio onde se daria a fecundação do óvulo, que aguardava o milagre da vida.

Tocando o *chakra* coronário de Aurino e realizando movimentos específicos, propiciou que uma onda mental poderosa dele se deslocasse adentrando-se pela cânula vaginal e alcançando determinado gameta que, ao impulso dessa energia, disparou com maior velocidade, a fim de vencer a corrida a que os demais se entregavam.

– *Este será o portador do ADN responsável pelas heranças paternas, nas quais estão impressas as possibilidades da organização fisiológica do nosso viajante. As demais se encontram no óvulo materno já preparado para o processo da fecundação.*

Como é do nosso conhecimento, após a fecundação, em cujo processo o espermatozoide poderá demorar até doze horas de navegação pelo aparelho reprodutor feminino, ascendendo,

Entre os dois mundos

passando pelo colo do útero para, na referida trompa de Falópio, ter início a vida, contemplamos a base feliz do grande milagre que é a vida. Aqueles outros que não lograrem êxito, ficarão por vários dias em torno do oócito, sem qualquer perigo para o zigoto, que agora viajará por quase três dias para a sua fixação no útero.

No interior dessa formação começa o mais desafiador fenômeno da fatalidade biológica, em que a Natureza, ao influxo dos Sublimes Engenheiros Espirituais, gastou alguns bilhões de anos para organizar-se, iniciando-se os vários fenômenos mediante a fusão das células. Atendendo a esse impositivo energético, o protoplasma do óvulo começa a vibrar violentamente. De imediato, os núcleos do espermatozoide e do óvulo aproximam-se, crescem e libertam-se das suas membranas protetoras, fundindo-se. Os 23 cromossomos paternos unem-se aos 23 maternos, dando surgimento à organização de uma célula única com 46 cromossomos com todos os códigos da futura organização fisiológica, que se irão converter em trilhões de células, algumas específicas e insubstituíveis como os neurônios cerebrais, outras encarregadas da ossatura, dos nervos, das glândulas endócrinas, dos músculos e sucessivamente... A partir desse momento, toda vez que ocorra uma mitose, a nova célula conduzirá com exatidão uma cópia perfeita desse incomparável programa biológico do qual resulta a vida.

Agora deixemos ao tempo que se encarregue do mister de desenvolver a vida, ensejando o renascimento do nosso querido amigo.

Foram aplicadas energias especiais no corpo da futura mamãe, que acompanhava com o marido as providências tomadas.

Logo depois, despedimo-nos dos futuros pais e do irmão Aurino, acolhido nos braços do amor, igualmente adormecido.

Encontrava-me exultante. Nunca participara antes de uma experiência humana tão significativa, envolvendo especificamente um Espírito missionário em processo de reencarnação

A vida, que sempre tive em altíssima conta, tornava--se-me mais grandiosa, se é que eu teria dimensão para ampliar.

...E enquanto mil questões bailavam-me na mente, considerei interiormente a leviandade com que a expressiva maioria das criaturas humanas comporta-se no quotidiano, de referência ao corpo, à fecundação, à vida...

O desconhecimento das leis biológicas, do funcionamento da matéria sob o direcionamento do Espírito, responde pela indiferença com que se vive no mundo, reduzindo os extraordinários desempenhos humanos a simples efeitos do acaso espúrio, no qual se afogam todas as interrogações.

O botânico, o biólogo, o embriologista, o neurologista, enfim, o estudioso das delicadas tecelagens do ser – vegetal, animal e especialmente humano – não pode deixar de comover-se com os quadros espetaculares da vida que defronta em toda parte e amiúde. Tudo revela uma *causalidade* que transcende a capacidade de entendimento, o que de maneira nenhuma lhe anula a grandeza.

Não poucos cirurgiões, no entanto, toda vez quando contemplam os órgãos funcionando e têm necessidade de intervir no seu mecanismo, a fim de corrigir alguma deficiência ou substituí-lo, é convidado a curvar-se ao Criador de tanta maravilha.

Entre os dois mundos

Na menor partícula de qualquer coisa há um oceano de fenômenos acontecendo automaticamente, numa reprodução sistêmica do que acontece no macrocosmo...

A arrogância e a vacuidade de alguns indivíduos, caracterizados por conflitos e rebeldias, são responsáveis pelo niilismo que lhes abre portas à insensatez de conduta e à irresponsabilidade perante os tesouros imarcescíveis da vida.

Acompanhamos, atônitos, o desbordar das paixões servis, das licenças morais, da alucinação sexual, mediante conúbios precipitados, irresponsáveis, enfermiços, geradores de mais conflitos e de mais perturbações, que resultam na desestruturação do ser, da família, da sociedade.

Deixando as reflexões para outro momento, acerquei-me do amigo Germano e indaguei-lhe:

— *Poderemos considerar iniciada a fecundação, a partir deste momento?*

Com verdadeira bonomia, o gentil médico respondeu-me:

— *Não. Enquanto não haja a união do espermatozoide com o óvulo, que logo mais se dará, conforme esperamos, já que tudo transcorre de acordo com a programação estabelecida, é que podemos afirmar que a vida biológica terá início.*

— *Nosso amigo Aurino tomará conhecimento das ocorrências que se desdobrarão a partir do momento da fecundação?*

— *Naturalmente!* — respondeu, generoso. — *Enquanto se encontre lúcido, experimentará a atração das células, que serão penetradas pela organização periespiritual encarregada da formação dos órgãos, dos departamentos próprios do corpo — soma, emoção e psiquismo. À medida, porém, que seja absorvido pela vestidura carnal, irão desaparecendo, a pouco e pouco, as percepções, a sensibilidade, até o mergulho total no corpo.*

Como se trata de uma reencarnação especial, programada com muito cuidado, ele terá constantes visitas de amigos do nosso plano, como também virá com frequência à nossa Esfera de atividades, renovando projetos, reacendendo lembranças, desenvolvendo o roteiro traçado.

— Tendo em vista o ministério que deverá desenvolver na Terra, será agredido pelos inimigos espirituais da Humanidade? Dei-me conta de que não havia no lar perturbador algum. Foram tomadas providências preventivas para isso?

Sorrindo, o amigo elucidou-me:

— Não há, como sabemos, privilégios perante as Divinas Leis. Todos somos constituídos do mesmo material no mundo, enfrentando idênticas ocorrências do carreiro carnal, sujeitos aos mesmos embates. Ocorre, porém, que o nosso Aurino é portador de excelentes dons da mente e do coração, que os granjeou em experiências de abnegação e de sofrimento, preparando-se para cometimentos mais grandiosos.

Por outro lado, conforme nos foi informado por ele mesmo, os seus pais estão-lhe vinculados por laços de afeto que o tempo não interrompeu. No entanto, ele enfrentará verdadeiras legiões de opositores, seja nas pesquisas a que se venha entregar, seja entre os companheiros de lide espiritista, ainda não despidos da vaidade, do ciúme, da inferioridade que permanecem em nós... Simultaneamente, experimentará a agressão gratuita ou não dos infelizes obsessores, que se nutrem da ignorância e da perversidade humanas, considerando-se imbatíveis e, portanto, enfrentando os missionários do Senhor.

Também, não podemos negar que os responsáveis pela sua reencarnação providenciaram assepsia psíquica no ninho doméstico, de forma que tudo pudesse transcorrer sem perturbação, evitando choques psicológicos desenhados no seu

Entre os dois mundos

futuro... Entretanto, devemos considerar, conforme suas próprias palavras, que terá ao lado um irmão sofredor, alienado, que lhe constituirá desafio na afetividade, na assistência amorosa e cristã.

Sucede que a escada do êxito é feita de degraus muito ásperos, que somente os pés resolutos conseguem vencer. Nunca faltará, porém, o auxílio superior, mesmo porque, empenhado no benfazer, ele granjeará simpatias e afeições outras, que contrabalançarão as agressões momentâneas.

Acercando-se mais, Petitinga e Ângelo participaram da nossa conversação, adindo apontamentos valiosos e reflexões profundas.

Recordando-me do benfeitor Policarpo, indaguei ao nosso mentor:

– Aurino pertence às hostes do nobre apóstolo de Jesus?

– Sem qualquer dúvida – redarguiu, amigavelmente –, *e por essa razão fomos convidados a contribuir com o seu processo de reencarnação, tendo em vista o programa que nos foi estabelecido para a atual excursão que estamos fazendo na Terra.*

Neste momento, certamente, o insigne Espírito acompanha os passos iniciais do novo roteiro do seu tutelado.

Sempre se comenta sobre o mal que existe no mundo, as dificuldades e os sofrimentos, sem recordar-se de que o amor predomina em todo lugar, lamentavelmente não identificado pelas nossas deficiências evolutivas. É inegável que o bem fascina e arrebata milhões de Espíritos, que se afadigam em total entrega ao seu ministério libertador. Em toda parte vige a Presença Divina. Mesmo naquilo que se considera gravame, miséria e dor, tragédia, desgraça e infortúnio, o Celeste Escultor trabalha a essência da vida para que avance no rumo da sua gloriosa Imortalidade.

O silêncio fez-se natural, e ninguém se atreveu a novas inquirições.

20

A GLÓRIA E A
HONRA DE SERVIR

Fazendo breve avaliação do empreendimento encetado, ao primeiro ensejo Dr. Arquimedes considerou que os planos estabelecidos estavam sendo atendidos com rigor, nada obstante ainda devêssemos prosseguir, por mais algum tempo, contribuindo em favor de valorosos seareiros cristãos comprometidos com o Espiritismo e a instauração, na Terra, do Consolador Prometido.

– *Há quase um século* – informou-nos o nobre amigo –, *em tranquilo burgo, o Evangelho de Jesus vem sendo vivenciado, graças ao esforço ingente de abnegada mãe, que aprendeu com o filho, missionário do amor, a louvar e reverenciar o Mestre Incomparável.*

Aceitando a maternidade sublimada, ofereceu oportunidade a uma família espiritual, na condição de filhos, para renascer nos seus braços, entre os quais, um apóstolo da mediunidade e da ação caridosa. Com esse filho, especialmente dotado, abraçou os sofredores como seus próprios descendentes, seguindo-lhe os exemplos de incomum dedicação, que o tornaram inolvidável na memória dos seus beneficiários e de todos que tomaram conhecimento da sua existência santificada.

Quando, no auge do ministério do filho, que foi mestre de algumas gerações e socorro de outras tantas, e as dificuldades avultavam, em face dos infelizes que chegavam de diversos lugares, incluindo obsessos que a Medicina da época rotulara de loucos incuráveis, sendo por ele abrigados em um pavilhão que fora construído para esse fim, ela resolveu cooperar de maneira mais eficiente, além do que já fazia, recorrendo à oração. Diariamente, quanto lhe permitiam os deveres múltiplos, refugiava-se na prece, mergulhando a mente e o coração em uma das páginas luminosas de O Evangelho segundo o Espiritismo, *de Allan Kardec, nas quais hauria forças e entusiasmo para prosseguir na luta.*

O filho estimulava-a, bem como a outras pessoas que se acercaram, em razão dos benefícios espirituais que os renovavam, tornando-se, desde então, um hábito, que nem o transcorrer do tempo nem as circunstâncias, algumas muito severas, conseguiram interromper.

Desencarnando, aureolada de bênçãos e recebida pelo filho muito amado, que a precedera e lhe houvera reservado domicílio de paz, na Esfera que habita, uma de suas filhas deu prosseguimento ao ministério iluminativo, continuando, até este momento, graças ao devotamento de algumas das suas netas.

A psicosfera ambiente é saudável e rica de benesses, espraiando-se por toda a cidade e região, ali se transformando em verdadeiro santuário espiritual, para onde acorrem multidões de desencarnados esfaimados de luz e de pessoas outras necessitadas de paz. Diariamente, pela manhã, reúnem-se com unção, esses cristãos sinceros, e repetem, sem dar-se conta, os inolvidáveis encontros realizados nas catacumbas antigas de Roma, quando exaltavam o Senhor e entoavam-Lhe hinos de gratidão e de amor.

Entre os dois mundos

Simples e modestos, sem as auréolas da fama ou da inteligência excepcional, desdobram os sentimentos enobrecidos e confraternizam com os luminares da Espiritualidade que os visitam, transmitindo-lhes energias especiais, a fim de que as dificuldades sejam amenizadas, as provações mais bem suportadas, contribuindo, mediante vibrações de ternura e de compaixão, em favor da paz no mundo.

Despretensiosamente construíram barreiras contra o mal e toda a área onde se encontram esses confiantes lidadores do bem é protegida por edificações magnéticas vigiadas por devotados cooperadores desencarnados.

Há algum tempo, interesses imobiliários e necessidades de desenvolvimento da urbe, que vem atendendo às exigências do progresso, ameaçam o domínio onde estão instaladas essas realizações, com grave risco de extinção de uma obra que está prestes a completar um século.

Em nosso programa atual, deveremos interferir, sem violentar o livre-arbítrio das pessoas, para que seja preservado esse patrimônio da Humanidade, conforme vem ocorrendo com edificações grandiosas do passado, que vêm sendo patrocinadas por organismos internacionais como a UNESCO, para que permaneçam intactas, assim engrandecendo e mantendo a memória dos tempos.

É para lá que rumaremos agora.

Confesso que não podia asserenar a curiosidade em torno de questão fascinante como essa. Afinal, os mortos prosseguem orientando os vivos, mesmo que esses não se deem conta. É óbvio que conhecia a interferência espiritual em todos os quadros da vida humana, no entanto, esse recurso afigurava-se-me especial pelas suas características inusuais.

Dialogando com Petitinga, interroguei-o:

– *Felizmente, as construções mentais e espirituais do bem vão podendo fincar raízes no mundo físico, a tal ponto que antigas ameaças vão sendo afastadas. É de imaginar-se que, a pouco e pouco, implantem-se na Terra os programas procedentes de nossa Esfera de ação, não é verdade?*

– Certamente – respondeu-me com o seu sorriso jovial –, *basta consideremos ser a matéria uma condensação da energia que se aglutina em moléculas e sucessivamente até a constituição de todas as formas existentes. Neste caso, porém, estamos diante de edificação mais significativa, porque constituída de campos vibratórios muito especiais, que vale a pena manter, porquanto, em caso de destruição dos conjuntos físicos, a remoção das estruturas fluídicas e magnéticas imporia alguns desafios muito complexos, embora não sendo impossível de realizá-la. Os benefícios que têm advindo para a cidade – dádiva de gratidão e amor do seu apóstolo desencarnado – não teriam as mesmas condições de prosseguir, conforme vem sucedendo.*

Apesar de não sermos adeptos de qualquer tipo de apego material e não estimulemos o de preservação de memórias físicas em nome das realidades transcendentais, compreendemos essa necessidade humana, ainda insculpida no seu processo de conscientização. No caso em tela, amigos afeiçoados ao missionário desencarnado, anteriormente removeram, parte a parte, o seu quarto de dormir, transferindo-o da cidade para esse recanto, onde se lhe cultivam as lições de humildade e de carinho, ampliando os serviços de benemerência para com os sofredores...

Silenciando, por alguns segundos, logo prosseguiu:

– *Quando o Cristianismo encontrou apoio governamental e passou a fazer parte do Império Romano, a partir do século IV, muitos templos dedicados aos deuses do passado foram lentamente transformados em igrejas, substituindo-se as estátuas*

Entre os dois mundos

colossais, que os representavam, por outras que homenageavam os mártires e os heróis do Evangelho. Consta mesmo que a estátua de Pedro, que se encontra na atual Basílica, esculpida em sua homenagem, no Vaticano, teria sido fundida com o bronze daquela que pertencera anteriormente a Júpiter Capitolino...

Dessa forma, devemos evitar que se instalem novos cultos personalistas em homenagem a venerandos vultos da Doutrina Espírita, derrapando-se no perigo de repetirem-se os erros lamentáveis de outrora, trocando-se os santos tradicionais pelos novos guias espirituais. O sentimento de gratidão e de amor por esses luminares da bondade e da renúncia, da caridade e da misericórdia, é muito louvável, desde que não se transforme em adoração, e os lugares em que repousam os seus despojos mortais não se transformem em reduto de peregrinação com as consequências lamentáveis de acontecimentos miraculosos. O atavismo humano pelo maravilhoso, pelo sobrenatural, é difícil de ser erradicado, o que induz a criatura, diante do reconhecimento à memória dos Espíritos elevados, a entronizarem-nos em altares de devoção e de cerimoniais, às vezes, absurdos...

Esses paladinos do bem dispensam quaisquer tipos de homenagem e de culto, de que não necessitam, esperando que os seus exemplos fecundem as almas e induzam-nas a fazerem conforme eles realizaram.

— Assim sendo — indaguei —, *o que vem acontecendo em relação ao venerável mentor, não se pode transformar em um novo lugar de veneração, de oferendas e de romarias?*

— Sem qualquer dúvida! — anuiu prestimoso. *— Neste caso, o risco desaparece, quando se considera que todos aqueles que ali o buscam, estão forrados de sentimentos de afeição, mas também de interesse de mais conhecer-lhe a existência, de serem orientados para o despertamento e a prática das ações nobilitantes, encontrando um lugar de renovação espiritual e*

de repouso. Vivenciando-se o Espiritismo, que não convive com crendices e fórmulas esdrúxulas de comportamento religioso, só remotamente enfrentaríamos a desagradável situação de um novo lugar de milagres...

Ademais, um século quase, de estudos e ações de caridade fraternal, afasta tendências fanáticas e interesses negocistas para a venda de objetos, fotografias, talismãs e quejandos, que abrem portas à exploração dos incautos.

Naquele momento, chegamos ao formoso reduto, onde já se encontravam pessoas no afã de preparar o recinto para as atividades evangélicas que logo teriam início.

Tudo transpirava simplicidade. As construções modestas entre árvores frondosas ofereciam recantos pitorescos onde se respirava o oxigênio balsâmico da Natureza em festa de flores e de vegetação luxuriante.

À hora convencional, em clima de júbilos, reuniram-se na sala de estudos e de orações as pessoas que compartilhavam os compromissos doutrinários.

Não somente da cidade, mas também de outros burgos, algumas apresentavam sintomas de obsessão, trazidas por familiares devotados, outras demonstravam transtornos emocionais e as demais aparentavam relativa saúde orgânica, todas, porém, imbuídas de fervor e de necessidade de paz.

Nesse comenos, chegaram os responsáveis pelo cometimento afetuoso. Duas descendentes do clã original, herdeiras e preservadoras da tradição evangélica, exteriorizavam a beleza interior, desde o brilho do olhar aos sentimentos de amor que evolavam em sucessivas ondas de energia benéfica. Os limites orgânicos que a existência impusera a uma delas, de maneira alguma lhe constituíra obs-

Entre os dois mundos

táculo para a realização dos seus ideais cristãos, aos quais se entregara totalmente.

Iniciada a reunião, mediante a oração espontânea, sem a preocupação do verbalismo exibicionista, mais enunciada com a emoção do que através de palavras, foi aberto *O Evangelho segundo o Espiritismo*, de Allan Kardec e lida a página intitulada "Justiça das aflições", inserta no capítulo nº V, "Bem-aventurados os aflitos".

Houve uma alegria geral, espontânea, como se todos estivessem aguardando-a.

Com segurança e naturalidade foram comentados o sentido e o significado das aflições humanas decorrentes dos atos infelizes de que cada pessoa se fez responsável, ao mesmo tempo, instrumento de elevação moral e de reflexão em torno da transitoriedade da vida física e de tudo quanto diz respeito ao jornadear terreno.

– *As aflições* – esclareceu a responsável pelos comentários – *são as mãos da vida plasmando a beleza e a perfeição nas estruturas grotescas do ser em desenvolvimento. Graças a elas, o revel faz-se pacífico, o impiedoso torna-se compassivo, o perseguidor abranda a sanha da fúria, o demônio santifica--se... São essas missionárias que trabalham a pedra bruta do humano sentimento frio para torná-lo angélico. Não somente ajudam a reparar crimes e abusos, como também a arrancar do reduto em que se refugia o santo que dorme nas suas entranhas.*

Na fornalha ardente afligem-se os metais, a fim de se transformarem em utilidade e beleza. No seio da terra, esmagada, aflige-se a semente, para poder libertar o vegetal que nela repousa.

De alguma forma, no mundo, tudo são aflições. A busca da verdade, o anseio do amor, a alegria escassa, o sonho de prosperidade, a ambição do conhecimento e da sabedoria, da beleza e do poder, a necessidade da fé, são todos assinalados por aflições, que a paciência e a irrestrita confiança em Deus transformam em êxito e em paz.

Por isso, são bem-aventuradas, porque justas, as aflições.

Logo concluiu a exposição, singela e rica de ensinamentos, devotados médiuns de cura acercaram-se dos pacientes e puseram-se a aplicar-lhes passes, enquanto, concentrados, todos buscavam permanecer receptivos. Espíritos dedicados, que ali se encontravam para o mister, ajudavam os companheiros encarnados, realizando nobilitante serviço de recuperação de forças e de saúde em favor dos enfermos.

Igualmente, convidados a contribuir com os nossos parcos recursos, Petitinga, Germano, Ângelo e nós dispusemo-nos ao serviço, experimentando infinito gáudio.

Suave melodia espiritual enriquecia o ambiente de musicalidade superior.

Subitamente, um facho de mirífica luz desceu do Alto envolvendo-nos em harmonias incomuns, enquanto delicados flocos evanescentes caíam sobre todos nós.

Ao terminar, foi proferida a prece de encerramento, e as pessoas, após ligeiros comentários a respeito da excelência da reunião, regressaram aos seus lares, ficando somente os residentes.

— *Experimentei hoje* — disse eufórica, a orientadora — *especial vibração, como se o nosso benfeitor houvesse participado da reunião.*

— *Posso informá-la* — respondeu-lhe uma das colaboradoras, portadora de mediunidade vidente — *que recebemos um grupo de Espíritos em visita à nossa Casa, com incumbências*

Entre os dois mundos

específicas em relação ao nosso trabalho e às nossas preocupações. Tenho certeza que Jesus ouviu nossas rogativas e tomou providências compatíveis para o bom prosseguimento dos nossos serviços espirituais.

– Sinto-me algo triste, em face da idade avançada – retrucou a interlocutora – e da falta de forças para mais impulsionar os nossos ideais. Gostaria muito de celebrar o centenário do nosso encontro de orações, mas preocupo-me com o pouco tempo que me resta no corpo alquebrado e dorido... Confio, porém, que retornarei mais tarde com os amigos espirituais para a festividade comemorativa. Sonhei muito em ampliar o despretensioso labor e, graças a Deus, já dispomos de um regular programa de assistência e de serviço social aos menos afortunados, agora materializado em nossa creche, bem como no socorro aos mais carentes. Deus permita que os nossos irmãos, em nos visitando, procedentes de outras cidades, levem as nossas experiências e multipliquem-nas por toda parte, a fim de que seja apressada a instalação do Reino dos Céus na Terra.

Ao lado da peculiar alegria que me invade, também uma nostalgia, uma grande saudade me toma, como se mamãe aqui me estivesse envolvendo.

– Pois saiba que sim! – respondeu a amiga. – O anjo maternal, atraído pela sua ternura, não apenas enlaça você como também a outra filha, enquanto ouço uma balada de ninar... Os Céus nunca deixam que a Terra permaneça em sombras, sem que as estrelas brilhem diminuindo a escuridão.

Fez-se silêncio coroado de lágrimas.

Saímos do recinto, quando nosso orientador referiu-se à luz que vertia do Alto, envolvendo o edifício.

– *Trata-se* – informou-nos – *de ligação direta com o Sa-*natório Esperança, *em nossa Esfera*.[5] *O trânsito entre aqueles que lá mourejam e os encarnados que aqui trabalham, faz-se mais fácil, sem impedimentos vibratórios, de maneira que são atendidas as necessidades prementes que decorrem dos serviços aqui realizados.*

Hoje mesmo, durante os passes socorristas, foi-nos possível liberar um perseguidor sistemático de devotada trabalhadora do bem, a fim de que seja esclarecido, oportunamente, e, em seguida, removido para esse nosocômio.

Evocando a simbólica escada de Jacó, permite a movimentação com segurança dos benfeitores que se deslocam ativamente com o objetivo de auxiliar os aflitos da Terra. A psicosfera, constituída pelas contínuas vibrações das preces e das ações de benemerência, faculta verdadeiras bênçãos para aqueles que sintonizam com o amor, a solidariedade e abrem-se aos sentimentos propiciadores do progresso da sociedade. Toda expressão de fraternidade, toda rogativa de compaixão sempre encontram resposta da Divindade. Nunca falta auxílio a quem suplica socorro.

Encontrava-me profundamente edificado. Cada instante direcionado para o trabalho é sempre valioso ensejo de aprendizado.

Passamos o dia acompanhando os ativos trabalhadores espirituais da comunidade, ao mesmo tempo cooperando também de alguma forma, empenhados no esforço da autoiluminação.

Espíritos que foram arrebatados do corpo físico através de acidentes perturbadores, recém-desencarnados que

---

5. Vide o livro de nossa lavra mediúnica *Tormentos da obsessão*, capítulo 2, Editora LEAL (nota do autor espiritual).

Entre os dois mundos

experimentaram enfermidades de longo curso, obsessores predispostos ao arrependimento, eram trazidos para as edificações espirituais espalhadas na área que deveria ser preservada, a fim de receberem os primeiros socorros que lhes permitiriam despertar para a realidade que não haviam penetrado antes da desencarnação.

Como consequência, reinava uma azáfama ordeira, movimentando mais de três dezenas de atentos servidores espirituais vinculados à Colônia Esperança.

Visitantes encarnados, procedentes de outras cidades, passaram pelo reduto de orações, demorando-se em reflexões e conscientizando-se dos ensinamentos recebidos, a fim de encontrarem as causas dos distúrbios que os aturdiam e as soluções para eles. De igual maneira, chegaram enfermos de diferentes patologias, buscando orientação e amparo moral, a todos sendo dispensada a caridade conforme Jesus a vivenciara, pelas pessoas abnegadas do atendimento fraterno.

As horas transcorreram céleres, em face da movimentação contínua, e quando a noite distendeu o seu manto de sombras salpicado de diamantes estelares sobre a área, buscamos um recanto arborizado, ali nos detendo em meditação rica de gratulação a Deus.

Passava das 23h, quando o nosso mentor convocou-nos para o programa que nos houvera conduzido até ali.

Dirigimo-nos à sala onde se realizavam as reuniões de estudos e orações, encontrando-a banhada de peregrina claridade que se exteriorizava de toda parte. Obreiros do bem receberam-nos jubilosamente, identificando no benfeitor o enviado espiritual do nobre Policarpo. Certamente estavam informados da visita programada.

Manoel Philomeno de Miranda / Divaldo Franco

Entre os mensageiros generosos presentes, destacava-se, pela jovialidade, uma trabalhadora imensamente simpática, que o irmão Petitinga informou-me tratar-se de eminente educadora que vivera naquela instituição, havendo-se encarregado de orientar muitas meninas que adotara como filhas do coração, tendo-se constituído uma verdadeira benfeitora da coletividade.

Adentramo-nos, seguindo o benfeitor, que foi conduzido à mesa diretora, assessorado pelos anfitriões.

Antes, porém, de sentar-se, convidou-nos a aproximar-nos, orientando os companheiros Ângelo e Germano, para que seguissem as diretrizes antes recebidas.

Incontinente, os amigos invitaram-nos, a Petitinga e a nós, que os acompanhássemos. Enquanto os seguíamos, explicaram-nos que estavam com a incumbência de trazer, em desdobramento parcial pelo sono, algumas pessoas da cidade, a fim de que participassem do labor que, logo mais, teria começo.

Visitamos diversos lares e colaboramos com o desprendimento parcial pelo sono fisiológico de quatro cidadãos e duas damas que, em face de desacostumados com esse tipo de fenômeno, e tendo alguma dificuldade para liberar-se das fixações do corpo físico, foram trazidos para o auditório.

Logo depois, concentramo-nos profundamente e dirigimo-nos à parte externa do edifício, deparando-nos com uma turbamulta espiritual em situação deplorável.

Alguns Espíritos agitadores estimulavam a malta a assaltar a instituição, em tentativa inútil de impedir o labor em pauta.

Entre os dois mundos

Acercamo-nos e, arrebatados pela oração com alto sentimento de compaixão pela sua inferioridade, exteriorizamos sucessivas ondas de amor e de paz, que romperam a densa névoa em que se envolviam, alcançando-os de forma suave e contínua.

Quando perceberam a nossa presença, aqueles que pareciam os chefes, puseram-se a blasfemar e a ameaçar com expressões vulgares e obscenas, exteriorizando fácies demoníacas com que apavoravam os mais simplórios e receosos.

Foi Germano quem, tomando da palavra, exortou-os à mudança de atitude:

— *Somos irmãos na luta redentora e aqui estamos para vos ajudar. Não temais a verdade, que sempre vence os mais resistentes bastiões da ignorância e da mentira. Qualquer tentativa de permanecerdes no mal redundará inútil, porque o bem é o hálito da Divindade que nos nutre de vida.*

Objurgações clamorosas espocaram no ar contra Jesus e Seus mensageiros, contra a instituição que pretendiam destruir, contra nós...

Imperturbável, o amigo prosseguiu com grande empatia:

— *Dirigimo-nos àqueles que necessitam de paz e cuja situação atual é desastrosa. Todos podemos equivocar-nos, no entanto, permanecer no erro é uma opção infeliz de quem elege a loucura quando pode desfrutar de saúde. Ninguém é obrigado a seguir as absurdas exigências da perversidade, enquanto dispondo do livre-arbítrio. Por que o prazer no ódio, a satisfação na desdita, a ideia fixa na destruição de vidas, desde que ninguém morre?! Por que permanecer no sofrimento quando luz o ensejo do bem-estar e da paz?! Aqui estamos para convidar-vos ao encontro de amor com o apóstolo da caridade, que estará conosco em breves momentos.*

Vinde! Não temais o bem, nem vos negueis a oportunidade de seguir por outras vias que ainda não foram percorridas. No fim da estrada Jesus nos espera. A decisão terá que ser agora, porque depois será tarde demais...

Como um estouro de boiada, aos gritos de aflição, pedindo socorro, inumeráveis infelizes saíram do grupo em nossa direção, ao tempo em que impropérios ameaçadores cruzavam o ar em diversas direções.

Os necessitados, porém, vencendo o pavor a que se permitiram por largo tempo, formaram um novo grupo atrás de nós, adentrando-se em um campo vibratório que se expandia à medida que aumentava o seu número, resultado esse da irradiação dos nossos sentimentos e orações.

Alguns, que titubeavam por exercer função de controle, após alguns segundos de dúvida, venceram-se e vieram em nossa direção, suplicando auxílio, que lhes foi dispensado de imediato.

Havendo sido feita a seleção, conduzimo-los à sala que os acolheu, propiciando-lhes satisfações imediatas, à medida que chegavam outros convidados encarnados, uns em desdobramento e outros habitantes da nossa Esfera, já desencarnados.

Petitinga informou-me que a atividade seria transmitida através de aparelhos especiais para a parte externa do edifício, de forma que os renitentes membros da súcia pudessem ouvi-la, tendo ainda o ensejo de recuperar o tempo mal aplicado e adentrar-se...

Harmonias siderais tomavam todo o auditório, produzindo inexcedível sensação de paz.

Entre os dois mundos

Nesse momento, uma jovem desencarnada acercou-se de um órgão de nossa Esfera, que eu não houvera notado antes, e começou a tocar uma peça que mais ainda nos sensibilizou.

Havia expectativa que não podia ser traduzida em palavras.

21

O MENSAGEIRO DE JESUS

À medida que a dúlcida melodia tomava todo o auditório, dei-me conta de que se tratava da inesquecível *Sonata ao luar*, de Beethoven, que na Terra me comovia profundamente.

Evoquei o gênio alemão, compondo-a para uma invidente que jamais tivera oportunidade de ver a claridade de Selene, numa noite tranquila e perfumada, deixando-me arrebatar pelas emoções.

As notas, como se fossem gotas de luz iridescente, flutuavam no ar e permaneciam vibrando suavemente, produzindo sentimentos de elevado teor espiritual.

A organista, profundamente concentrada, como se revivendo cenas que ficaram no passado, aureolava-se de beleza peregrina, enquanto executava a delicada composição.

A harmonia dominava todo o recinto, logo seguido de grande silêncio...

Nesse momento, adentraram-se pela porta central o mensageiro de Jesus e sua comitiva, constituída de nobres Espíritos que o auxiliavam no ministério de amor em nossa comunidade e nas suas frequentes visitas ao planeta.

Apresentava-se com a indumentária com que se imolara por amor ao Mestre, no século II, nas Gálias lugdunenses, onde hoje se encontra a cidade francesa de Lyon, antes de ser despedaçado por dois corcéis fogosos, aos quais foram atados seus braços, e disparados em sentido oposto.

O brilho do olhar de incomum beleza equiparava-se à irradiação que dele todo emanava. O semblante, dominado por imensa tranquilidade, caracterizava-lhe o estágio de superior evolução.

Ao seu lado, entre outros, a veneranda genitora de sua última existência física, alguns familiares, ex-alunos que beberam na sua fonte de sabedoria as incomparáveis lições do Evangelho e do conhecimento, diversos obreiros do bem e da caridade, formando um cortejo especial, próprio para o magno momento.

Automaticamente todos se levantaram em respeitosa atitude de elevada consideração, enquanto eles atravessavam o auditório.

Avançaram por entre as filas de cadeiras bem-arrumadas até o proscênio onde se encontravam um balcão ornamentado de rosas, uma tribuna e, do lado oposto, o órgão.

Alguns membros da comitiva ocuparam lugares adrede reservados, na sala iluminada, enquanto o apóstolo e mais quatro acompanhantes assentaram-se junto à mesa que os aguardava no palco.

Depois que todos voltaram a acomodar-se, uma encantadora criança desencarnada, conduzindo um pergaminho luminoso, leu, com incontida emoção, o poema *Deus*, que fora composto inspiradamente pelo nobre benfeitor e funcionaria como a prece de abertura da solenidade.

Entre os dois mundos

Ato contínuo, o missionário levantou-se, dirigiu-se à tribuna e, após as saudações cristãs, expôs:

— *Reunimo-nos neste santuário para evocar a figura incomparável de Jesus, o nosso Venerável Mestre.*

Em toda a Sua trajetória terrestre, Ele propugnou pela verdade e pelo bem, jamais se afastando da diretriz do equilíbrio que vige na Justiça e no reto cumprimento dos deveres do indivíduo para consigo mesmo, para com o seu próximo e para com Deus.

Através de memoráveis lições de sabedoria iluminou as consciências antes obscurecidas pela ignorância e apresentou o programa que deveria caracterizar o Reino dos Céus entre os viandantes da Terra, estabelecendo como paradigmas inamovíveis o amor, o perdão irrestrito e a caridade.

Enfrentou as dificuldades de toda ordem que se apresentavam no Seu tempo, convivendo com as necessidades das massas aflitas e esfaimadas de pão e de paz, auxiliando-as a transformar o sofrimento em alegria, o desespero em aprendizado, a angústia em esperança.

Jamais se exasperou, nem sequer diante da injustiça e da perversidade, por saber que se tratava de imperfeições do Espírito, ao mesmo tempo auxiliando aqueles que se lhes faziam instrumento de hediondez e de primarismo, a se libertar dos atavismos infelizes, descobrindo fórmulas novas para a felicidade.

Com a mesma naturalidade manteve diálogo com Nicodemos, o gentil doutor da Lei que O procurou, e com a samaritana, equivocada quanto aos seus deveres de mulher, a quem buscou. A ambos orientou com bondade e paciência, conforme a necessidade de cada um.

Admoestou com severidade os fariseus insensatos e os herodianos cruéis, explicando ao fátuo rabino misoneísta quem era o seu próximo, evitando que ele se escusasse à ação generosa da caridade.

Admitiu e compreendeu as condutas facciosas daqueles que O hostilizaram, não lhes interditando o contato com o Seu inefável amor.

Arroteou o solo dos corações com os instrumentos da bondade e da paciência, semeando a alegria de viver em todas as almas, de forma que as Boas-novas pudessem encontrar ressonância na sua acústica interior.

Sol de esplendente beleza, reduziu sua pujança na forma física, a fim de que todos pudéssemos auferir os benefícios da Sua luminosidade, sem prejuízos para nossa reduzida capacidade de absorção.

Revolucionou o pensamento então vigente, alargou as veredas da fraternidade, honorificou as leis dignificadoras, mas elaborou um código de excelsa profundidade no inesquecível sermão das bem-aventuranças que, a partir de então, transformou-se no mais desafiador conjunto de ética de que tem conhecimento a Humanidade.

Dignificou o lar e o trabalho diário, obedeceu ao estabelecido pela legislação discriminatória do seu povo desorientado e submetido à servidão do Império Romano, separou através de linhas bem-definidas o que diz respeito a César e o que pertence a Deus, conclamando à luta pela transformação moral interior, a fim de que o mal não se pudesse homiziar nas províncias do coração.

Entregou-se ao programa para o qual viera, sem cansaço nem abatimento, instaurando o período da paz de consciência mediante o elevado culto dos deveres retamente cumpridos, sem

Entre os dois mundos

engodos nem discrepâncias, fiel à Verdade que representava, erguendo a níveis mais elevados os Espíritos que O cercavam.

...E amou até a exaustão!

Incompreendido, negado, traído, vilipendiado, abandonado por quase todos, aceitou a cruz que Lhe impuseram como instrumento de suplício, que transformou em asas de luz para alcançar o Infinito de onde procedia...

E retornou à convivência dos ingratos, sem nenhuma queixa ou reclamação, jamais se referindo às suas defecções, antes lhes demonstrando a grandeza da Imortalidade.

Silenciou, por um pouco. As palavras foram absorvidas com emoção, enquanto o retrospecto harmonioso produzia imagens ideoplásticas em uma tela elevada, presa à cortina colocada atrás da mesa.

Pairava especial emoção no ambiente luminoso.

Após a breve pausa, ele prosseguiu:

— Até os dias atuais Ele continua vigilante, compassivo e generoso, auxiliando-nos na difícil ascese, sem constranger-nos, repetindo continuamente: "E todo aquele que quiser vir ter comigo, tome a sua cruz e siga-me".

A Sua palavra compassiva e o Seu afeto misericordioso vêm suportando quase dois milênios de ultrajes e de deturpações, graças aos quais são adaptados aos interesses mesquinhos daqueles mesmos que dizem servi-lO.

Paciente, portador de uma afabilidade inexaurível, tem-nos esperado, compreendendo a nossa dificuldade de discernimento e de dedicação, confiando que num ou noutro momento assumiremos a responsabilidade que nos diz respeito em torno da própria iluminação.

Enquanto a Ciência, aliada à tecnologia, ergueu as monumentais construções do conhecimento, degenerando em instrumentos de guerra e de destruição, de ódio sistemático e de insanidade, Ele cumpriu a promessa de retornar, enviando- -nos o Consolador, que ora se espraia sobre a Terra como um perfume especial impregnando as vidas.

Facultou que a investigação honesta detectasse a imortalidade do Espírito e a sua comunicação com os seres humanos, e constatasse a reencarnação e a Justiça Divina em tudo presente, alcançando o elevado sentido de que o amor faz-se portador, como terapia preventiva e curadora para os males do corpo, da emoção e da mente, aguardando as decisões finais.

Nada obstante, as lutas intestinas permanecem nas mais diferentes greis religiosas, desde aquelas que se acreditam proprietárias dos Seus ensinamentos e pretendem mantê-lO encarcerado nas suas paredes, que recendem o bafio pestífero da presunção e do despautério, até aquelas que se atrevem a considerar-se libertárias, exibindo propostas de abuso monetário e enriquecimento de pessoas...

Jesus continua sendo o grande desconhecido dos tempos...

Amado por uns e por outros combatido, tem sido motivo de chalaça e de vulgaridade com que as mentes enfermas pretendem apagar-Lhe ou diminuir-Lhe a grandiosidade histórica.

Inesquecível, é revivido com frequência conforme a distorção emocional daqueles que O utilizam para os seus fins, nem sempre dignificadores, permanecendo, no entanto, o Espírito mais comentado e mais presente nos fastos da História.

Com o advento do Espiritismo, não tem sido muito diferente a atitude de alguns conversos aos seus postulados, que são libertadores. Asfixiados na prepotência, que lhes remanesce de experiências religiosas transatas, rapidamente apropriam-se do conhecimento para zurzi-lo como látego contra o seu próximo e não para ser usado como recurso de sublimação pessoal.

Entre os dois mundos

Emparedados da empáfia, supõem-se defensores da verdade, como se fossem necessários, e acusam tudo e todos, reservando--se o direito de permanecer como cadáveres-ornamentados, mas que exsudam decomposição espiritual. Entrincheirando-se na vaidade que os amortalha na estultice, fazem-se arrogantes, soberbos, distanciando-se da prática da Doutrina para exibir somente a teoria que memorizam por disporem de muito tempo na ociosidade, bem distantes da ação do bem.

São quais orquídeas raras, belas e transitórias que, nem sequer, exalam perfume, quando poderiam ser grãos de trigo bom para a mesa do amor em forma de pão e de recurso de paz.

Não fugirão, porém, de si mesmos.

Desrespeitando a Imortalidade que afirmam existir, comportam-se como se não acreditassem na sua realidade, em face da conduta que se permitem, gerando mais aflição e pro-movendo culto de autopromoção do que mesmo de consolação às criaturas que se lhes acercam, rogando misericórdia e orien-tação libertadora.

São ativos na agressividade e parasitas espirituais na compaixão e na misericórdia de que se deveriam revestir moralmente.

Repetem os erros a que se acostumaram no passado e de que não se querem libertar.

Mas existem, também, inumeráveis servidores fiéis que, tomando da charrua, não olham para trás, preocupados com a seara que lhes cumpre trabalhar, a fim de que a boa semente encontre solo ubérrimo para germinar, crescer e produzir.

Jesus assiste-os, a todos, com fraternal ternura, confiando no despertar dos adormecidos no leito da ilusão e no prossegui-mento da atividade por parte daqueles que estão vigilantes no trabalho.

A voz tomara especial entonação, que poderia ser considerada como de piedade em relação àqueles que conhecem a Verdade e não a vivem, que encontraram o bem e o não praticam.

Dando margem a que a pausa ensejasse aprofundamento de reflexões, logo prosseguiu:

— *Fostes convidados a estar presentes neste cenáculo, porque sombras densas avizinham-se de nossa comunidade, ameaçando a construção do bem geral.*

Há quase um século, aqui foi erguido um farol de esperança, para derramar claridades orientadoras aos nautas das travessias difíceis. Desde então, a sua luz, a princípio débil e posteriormente poderosa, vem indicando o melhor curso para as embarcações, evitando os recifes e bancos de areia impeditivos à segura navegação.

Obreiros dedicados têm-se postado na torre, orientando o facho de luz mantido pelo combustível da fé e da caridade, no que têm resultado bênçãos incontáveis para os habitantes da área.

Agora, porém, ameaça sutil e perigosa pretende derrubar a construção turriforme, para transformar o terreno em campo de ganância argentária, na disputa pelo espaço para edificações residenciais elegantes, que tragam para a comunidade conforto imobiliário e disputas amoedadas em detrimento dos recursos ecológicos, do pulmão natural que é, vitalizando e oxigenando a urbe.

É claro que todos trabalhamos pelo progresso e pelo desenvolvimento, sem qualquer tipo de apego a uma em detrimento de outra faixa de terra.

O que nos move, neste momento, a expender nossos comentários, é que, não somente se encontra em pauta o amor ao

Entre os dois mundos

crescimento citadino, mas a ambição desmedida que domina alguns Espíritos para tudo transformar em floresta de cimento, tijolos e ferro, com ajardinamento para poucos privilegiados, enquanto que o bosque a todos atende com igualdade.

Não existissem outros espaços que podem ser utilizados para o benefício da cidade, que deve estender-se para a região periférica, ampliando a sua área urbana, alargando avenidas e construindo praças formosas, melhorando o trânsito, ao invés de congestioná-lo em alguns lugares centrais, quando se poderia levá-lo a outros sítios, e seriam compreensíveis a ambição e a luta pela desapropriação que vem sendo discutida.

É certo que as construções espirituais, em campos específicos de energia, podem ser transferidas sem maiores problemas e a qualquer momento, como ocorre com frequência.

A questão, no entanto, cinge-se a razões sub-reptícias, com heranças farisaicas, de desestimular e empurrar para fora da zona urbana as atividades espíritas, que detestam, por vincular-se, os seus opositores, a outras denominações religiosas, o que é profundamente lamentável.

A sociedade conseguiu estabelecer leis de respeito aos direitos humanos, de crenças, de raças, de minorias, de opções comportamentais, desde que não atentem contra a ética vigente, e, apesar disso, remanescem o fanatismo, o despeito e o ódio insensato, desejando embaraçar os passos daqueles que também têm direito de seguir Jesus conforme lhes apraz.

Sois livres para as decisões que vos dizem respeito, e todas elas, mesmo as infelizes, que periodicamente recebem culto de cidadania. No entanto, cumpre-nos advertir-vos que os vossos atos serão os juízes que se vos apresentarão no tribunal da consciência mesmo antes da desencarnação e particularmente *depois dela. O que decidirdes, o que fizerdes, a vós próprios aplicareis.*

Escamotear a verdade, de maneira alguma lhe altera o conteúdo sublime. Ela sempre ressuma do lixo em que se pretende sepultá-la, dominando os horizontes das vidas.

Tende, portanto, muito tento!

Esta é uma ilha de paz no meio de pélagos vorazes. É um oásis refazente em pleno deserto assustador. É também um hospital para almas, uma escola para educação de Espíritos e um santuário reservado ao culto do amor e da prece.

Podeis reduzir a escombros as paredes modestas das suas construções, mas não atingireis as estruturas fincadas na rocha do bem.

Reflexionai com atenção e verificareis que este reduto harmônico e belo somente benefícios oferece ao município, que se destaca pela memória enobrecida daqueles que aqui viveram e deram início à programação do futuro.

Assim, preservai antes que vos afadigueis por destruir. Ampliai, ao invés de demolirdes. Desdobrai possibilidades, evitando restringir realizações.

Há campo imenso em toda parte para joeirar, aguardando trabalhadores afeiçoados ao solo dos corações.

Ponderai com sabedoria!

Novamente silenciou. Repassei os olhos pelo auditório estático, no qual se ouviam as vibrações da respiração pessoal e pude sentir quanto as palavras do mensageiro de Jesus penetravam o âmago das almas presentes.

Havia lágrimas que adornavam alguns olhos e não se atreviam a rolar das comportas que as retinham.

Foi quando, dando ênfase mais especial e enternecedora à voz, ele concluiu:

Entre os dois mundos

– *Amai, em qualquer circunstância, irmãos queridos. No amor estão as soluções para todos os questionamentos humanos.*

Com um pouco do sal do amor poreis paladar superior em todos os vossos atos, plenificando-vos também.

Quem ama, possui o elixir de longa vida para a felicidade sem jaça.

Quando se ama, o sentido existencial adquire objetivo libertador e significado dignificante.

Enquanto se ama, coisa alguma de fora perturba a paz interior e a alegria de viver, que se desdobra sublime como resposta da vida aos seus servidores.

O amor, por isso mesmo, é o hálito divino que a tudo nutre e conduz.

A vida sem amor é árida, tornando-se, no ser humano, um fenômeno vegetativo, destituído de idealismo e de nobreza.

Quando as criaturas humanas se conscientizarem da excelência do amor, as barreiras impostas pelo preconceito, os abismos separatistas abertos pelo egoísmo, as muralhas impeditivas de relacionamento cairão ruidosamente, surgindo as pontes de entendimento, os acessos de compreensão, os laços de lídima fraternidade unindo-as e beneficiando-as.

Quando o Mestre propôs-nos o amor como garantia para a felicidade sabia que, somente em razão da sua presença ínsita no ser, este atinge o objetivo essencial da sua reencarnação, porque o erro bate em retirada e as paixões asselvajadas cedem lugar à razão e ao sentimento sublimado.

Utilizando-vos do incomparável recurso do amor, edificareis sempre, ascendendo no rumo das estrelas.

Fiquem, pois, convosco, o Amor e a Paz do Senhor Jesus!

Silenciando, voltou a sentar-se, enquanto crianças espirituais apareceram no proscênio e cantaram um hino de sensibilizadora beleza, exaltando o amor.

Permanecemos, por alguns instantes, inebriados, todos aqueles que ali nos encontrávamos.

Comovedora oração de clausura foi enunciada pela genitora do apóstolo, que agradeceu ao Incomparável Filho de Maria de Nazaré a incomum felicidade daquele instante, suplicando-Lhe que continuasse velando pela nau terrestre e conduzindo-a ao Seu porto de segurança.

De imediato, quando os visitantes desceram ao auditório, Dr. Arquimedes e nosso grupo acercamo-nos para saudá-lo, conforme fizeram outros devotados trabalhadores da Seara da Luz.

Ao nos aproximarmos, o venerável benfeitor reconheceu-nos e expressou os seus sentimentos de amizade e gratidão, envolvendo-nos em suave harmonia.

Traduziu, também, o seu reconhecimento pelo serviço em que nos encontrávamos empenhados sob o comando seguro do nobre psiquiatra desencarnado, estimulando-nos ao prosseguimento das ações socorristas, quais aquelas que nos conduziram até ali.

Logo após, despedimo-nos, porquanto cumpria-nos o dever de reconduzir ao corpo físico alguns daqueles que houvéramos trazido para a inolvidável reunião.

Lentamente a alva começou a erguer o seu manto de claridade, facultando que o dia começasse a sua trajetória no carro do sol.

Petitinga, exultante, comentou-me que não podia sopitar a curiosidade em torno das consequências do evento

Entre os dois mundos

especial, em se referindo àqueles que dele haviam participado em parcial desdobramento pelo sono físico.

Ângelo e Germano, confabulando, afirmavam que, sem dúvida, realmente *os mortos conduzem os vivos*, conforme assevera a cultura popular.

Vivemos, sim, em contínuo intercâmbio, os Espíritos e os seres humanos, como é perfeitamente natural. Afinal, a vida é uma experiência de evolução insuperável, em cujo curso entra-se no corpo e dele se sai, permanecendo-se, porém, indestrutível.

Não fora esse processo extraordinário e a existência orgânica não teria qualquer sentido, em face da ausência de objetivo profundo.

22

O DESPERTAR COLETIVO DE CONSCIÊNCIAS

De acordo com o grau de lucidez de cada indivíduo que participara da reunião espiritual, o seu amanhecer foi característico e muito pessoal.

Interessados em acompanhar o despertar de algumas das consciências daqueles que estiveram em nossa Esfera, Dr. Arquimedes convidou-nos a visitar o administrador da cidade.

Chegamos ao seu lar, quando a família se encontrava à mesa, para o desjejum.

O Sr. prefeito da cidade não podia disfarçar a preocupação que o assinalava, embora o bulício dos dois filhos pequenos.

Interrogado pela esposa a esse respeito, respondeu com reflexões oportunas:

– *Durante a noite, experimentei curiosos fenômenos espirituais. Tenho certeza de que fui arrebatado do corpo e conduzido a uma região muito feliz, onde não havia a densidade física e tudo transcorria em um clima especial de felicidade.*

O lugar faz-me recordar uma dessas descrições a respeito do Reino dos Céus, que estão muito em voga.

Eu me encontrava ali, convidado para participar de um encontro inabitual. Podia distinguir pessoas da nossa comunidade e outras totalmente desconhecidas, que pareciam habitantes desse mundo especial.

No ambiente esfuziante de luzes e envolto em vibrações musicais muito belas, desfilaram verdadeiros anjos do Senhor, que assomaram a um cenário deslumbrante, embora a singeleza da ornamentação, onde teve lugar uma conferência monumental.

Recordo-me vagamente do Espírito que a proferiu, embora, no momento, não o possa identificar. Posso afirmar que já o conheço de algum lugar, apesar de apresentar, naquele momento, um aspecto algo diferenciado.

Utilizando-se de palavras que me penetravam a alma, tal a musicalidade de que se revestiam, ele referia-se a Jesus e ao Seu ministério no mundo, abordando a gravidade do momento que vivemos, especialmente em nossa urbe.

Sereno e grave, convidava-nos ao exame de nossas responsabilidades sobre a vida, nossos atos, nossos deveres políticos e sociais.

Através de considerações profundas, pontuadas de gravidade, ele concitava-nos ao cumprimento dos deveres assumidos perante Deus, a serviço do próximo, preservando a Natureza e as obras que o bem vem realizando em favor de todos nós.

Havia tal magnitude em tudo a que se referia, que me senti profundamente integrado no seu programa de ação proposto para o futuro.

Ao terminar, senti-me transportado ao paraíso, como nunca dantes me ocorrera com tal intensidade.

Despertei feliz, mas preocupado, como se receando comprometer-me com algo infeliz, que se me apresente disfarçado de honorável.

Pensando maduramente, desde o momento que despertei e não mais pude conciliar o sono, cheguei à conclusão de que se deve tratar do projeto de desapropriação de uma área que vem sendo cobiçada por muitos companheiros que anelam ali construir um condomínio de luxo. Recordei-me das solicitações que nos foram dirigidas por pessoas honradas e dedicadas ao bem, solicitando-nos a preservação daquele patrimônio que dignifica a nossa cidade. Como consequência, estou disposto a interferir vigorosamente junto ao presidente da Câmara Municipal, a fim de que não nos deixemos fascinar pelo canto das sereias da ilusão, comprometendo-nos desastradamente.

Aproveitando a pausa natural que se fez, a senhora, demonstrando visível emoção, asseverou:

— *É muito estranha essa narração que me faz, porque coincide com o sonho de que fui acometida durante a madrugada. Não me lembro dos detalhes, qual ocorre com você, no entanto, tenho nítidas algumas imagens que se harmonizam com o que você acaba de informar.*

Recordo-me, por exemplo, do coral de crianças alegres e angelicais, da multidão que se levantou antes e depois da conferência para saudar o Espírito de luz, e vagamente das suas palavras que me provocaram muitas emoções, quando ele se referiu a Jesus.

Não há dúvida, estamos num momento muito sério de nossa existência e devemos agir com equilíbrio e justiça. Tenha, portanto, muito cuidado!

Deixando-os em conversação edificante, fomos visitar outros convidados por cuja presença nos houvéramos responsabilizado, e a tônica dos comentários era a mesma: o sonho agradável da véspera...

Naquele mesmo dia, o Sr. prefeito reuniu-se com o presidente da Câmara de Vereadores e mantiveram demorada conversação, na qual ficou resolvido que a área onde se fixava o santuário de amor, de prece e de caridade, ficaria preservada para o futuro, através de mecanismos legais, evitando-se porvindouros comprometimentos imobiliários.

Havia terminado o trabalho que nos conduzira àquele recanto bucólico e rico de fraternidade, onde o Mestre de Nazaré possuía um espaço para recolher as filhas e os filhos do Calvário que, de alguma forma somos, quase todos nós.

Nosso companheiro Ângelo, entusiasta e gentil, considerou conosco:

— *Além da vitória lograda pelos simples e puros de coração, que terão o seu recanto de paz para o serviço do Senhor, alegra-me consideravelmente o feliz resultado, ao verificar que muitos Espíritos que chegaram agressivos e tumultuados foram recolhidos nas dependências da organização, podendo ser transferidos agora em outra condição para nossa Esfera. Assim mesmo, aqueles que permanecerem lá, por momentânea impossibilidade compreensível, serão beneficiados pelas vigorosas energias existentes e pelos estudos do Evangelho diariamente realizados, despertando-os para uma visão diferente e libertadora da vida.*

Anuímos, os demais, com os conceitos emitidos pelo amigo, porquanto o essencial é a manutenção do psiquismo

Entre os dois mundos

elevado, que se encarregará de espraiar-se, modificando a qualidade vibratória do planeta.

Realmente sensibilizado pelo ponto abordado, permiti-me também considerar:

– Vive-se, na Terra, hoje, um momento histórico muito grave, no qual os sentimentos nobres vêm cedendo lugar às paixões subalternas, que já deveriam estar superadas pelo ser humano. Em face, porém, das convulsões políticas perversas que abalam o globo, gerando dores lancinantes, aumentando a miséria já insuportável, fomentando a loucura da agressividade e da violência, estimulando o recrudescer dos desvarios sexuais e da drogadição, há uma avalancha de ódio e de indiferença que, por pouco, não estarrece. Os valores morais e os objetivos espirituais, quando não desconsiderados, são deixados à margem, na indiferença ou na zombaria, ameaçando-se reduzir todas as conquistas da cultura, da ética e da civilização ao caos do princípio.

Governos embriagados pelo poder econômico e bélico deliram, impondo-se aos demais povos de maneira constrangedora e desafiando os códigos dos direitos humanos conseguidos com muito empenho e sacrifício, a fim de darem vazão aos seus conflitos internos e à sua arrogância doentia. Como consequência, esses corifeus da hediondez fomentam guerras de extermínio, tendo o cuidado de permanecer muito distante das áreas perigosas, resguardados na sua loucura, enquanto as vidas jovens e idealistas de milhares de criaturas são despedaçadas para aumentar a sua arbitrária dominação, que será sempre de reduzido período de tempo... Não se dão conta, esses agentes do mal, de que o carro orgânico desliza muito rapidamente pelas vias do calendário, levando-os no rumo da fatalidade biológica, que culmina com a morte...

Manoel Philomeno de Miranda / Divaldo Franco

– *E alguns deles* – interveio o amigo Petitinga –, *fascinados pela própria falácia, acreditam-se cristãos e dizem-se profetas de Deus...*

– *O exemplo daqueles que os anteciparam* – considerou Germano – *de forma alguma desperta-os para a fragilidade que fingem ignorar. Onde se encontram os dominadores da Terra, enlouquecidos e destruidores, que submeteram o planeta ao talante das suas alucinações? Todos sucumbiram. Alguns foram desapeados do poder por outros semelhantes que os odiavam enquanto os serviam; inúmeros foram consumidos por enfermidades degenerativas que já traziam no âmago do ser; muitos enlouqueceram completamente nos desmandos e nas orgias; um sem-número envelheceu na prepotência em que a morte os arrebatou...*

Ângelo prosseguiu:

– *Todos, porém, têm retornado ao carreiro das reencarnações, expiando os delitos graves em desequilíbrios mentais tormentosos, com a consciência açodada pelas lembranças inditosas dos dias de poder mentiroso e pelas suas vítimas que os não perdoam, perseguindo-os com a inclemência de que foram objeto. Renascem nos catres da absoluta miséria moral, social, econômica, ou em injunções de terríveis expiações por paralisia, cegueira, surdez, mudez, deformidades físicas e transtornos emocionais, em face da Misericórdia de Deus, que não deseja a morte do pecador, mas o desaparecimento do pecado.*

– *Quando o conhecimento da reencarnação luzir no íntimo do ser humano* – concluiu o Dr. Almeida –, *ele saberá como conduzir-se, constatando que a existência física é dom de Deus para o processo de desenvolvimento da sabedoria que nele jaz.*

Entre os dois mundos

Nessa oportunidade, o bem triunfará sobre o mal, a justiça dignificará os atos dos indivíduos, o reto culto do dever se elevará a culminâncias dantes jamais logradas, o respeito à vida e a todos os seus recursos terá primazia sob a soberana Lei de Amor que vigerá em todos os sentimentos e em todas as mentes.

Fazendo uma pausa significativa, ele obtemperou:

– *Sigamos a um outro núcleo de trabalho, onde estamos sendo aguardados.*

Logo depois, alcançamos uma cidade movimentada e rica de sol.

O progresso tecnológico e científico desenvolvê-la-á, inscrevendo-a entre as muitas importantes do país.

Dirigimo-nos à área suburbana sob a orientação do nosso benfeitor.

Chegamos a uma construção de alvenaria simples e ampla, com alguns telheiros, em cuja sombra acolhedora encontravam-se idosos, crianças, homens e mulheres muito necessitados.

Pessoas generosas movimentavam-se em ampla cozinha, preparando suculenta sopa que seria servida àqueles sofredores.

Enquanto aguardavam o alimento, dois jovens alternavam-se na leitura de páginas de *O Evangelho segundo o Espiritismo*, de Allan Kardec, cujo conteúdo quase não era absorvido, em face da algazarra infantil, das reclamações de alguns enfermos e da irritação dos mais exaltados...

Apesar disso, havia presenças espirituais afeiçoadas ao bem, ajudando-os e que nos receberam com gestos de espontânea amizade e de carinho.

O instrutor da Casa, nobre trabalhador do Espiritismo no passado, agora desencarnado, que prosseguia no labor que desenvolvera na Terra, quando fundara a instituição sob as bênçãos do venerando Vicente de Paulo, conduziu-nos a pequena sala onde se aplicavam passes aos enfermos de vária ordem e onde se experimentava uma psicosfera superior.

Convidando-nos a que nos sentíssemos à vontade, agradeceu a nossa visita e referiu-se ao programa para o qual ali nos encontrávamos.

– *Tratava-se do dedicado médium Izidro* – considerou com afabilidade –, *sobre quem repousavam as elevadas responsabilidades de condução dos serviços de intercâmbio e de correspondência entre o Além-túmulo e as criaturas humanas.*

O amigo afeiçoado encontrava-se desanimado e exaurido nas suas energias, que dedicava à prática da caridade sob todos os aspectos possíveis. Especialmente, porque vivia vampirizado por antigo obsessor, que ora se encontrava ao seu lado no corpo físico e era inclemente cobrador, constituindo-lhe motivo de contínuo sofrimento. Soberbo e ingrato, o comensal da sua fraternidade extrapolava com facilidade na execução de qualquer tarefa, caracterizando-se pela crueldade esquizofrênica de que era portador e pelos distúrbios epilépticos que o estertoravam com relativa frequência, quando os adversários do passado mais lhe dominavam a usina mental. Rebelde e vulgar, agredia a todos, gerava dificuldades, acreditando no apoio que lhe oferecia o benfeitor obrigado à carga pesada...

Não têm sido poucos os momentos profundamente desagradáveis e antievangélicos propiciados pelo comparsa das trevas, *agasalhado no coração do missionário do amor. Estes têm sido dias terríveis, ante os quais preocupamo-nos com as débeis*

Entre os dois mundos

resistências do nosso médium que sorve o cálice da amargura decorrente da presença do vingador.

— E por que o acolhe junto ao coração, se ele lhe constitui um obstáculo à realização dos objetivos espirituais?

— Tudo começou há cinquenta anos, mais ou menos, quando Izidro era jovem e encontrava-se no apogeu das forças mediúnicas.

Dedicando-se ao ministério da mediunidade, especialmente no campo da desobsessão, oportunamente se comunicou por seu intermédio um antigo adversário que o ameaçava de consumpção por processos inclementes de vingança. Referia--se ao que sofrera em suas mãos de pessoa religiosa por volta do século XVI, na França católica, após a tormentosa Noite de São Bartolomeu. *Fixado no ódio que o consumia, desde então o buscara para o desforço, por fim encontrando-o, novamente a serviço de Jesus, somente que, agora, em outra expressão, qual a de um verdadeiro cristão. Arrogante e cruel, não podia permitir que o inimigo fruísse de paz enquanto ele chafurdava e rebolcava-se no fosso do ódio que o consumia lentamente. Havia-se comprometido com outros inimigos do médium e da mensagem espírita que liberta da ignorância, a tornar-se o ferrete em brasa da vingança nos seus sentimentos até alcançar o objetivo infame.*

A doutrinação paciente de abnegado servidor da Casa redundou, pelo menos, na aparência, inútil, pois que até o momento de afastar-se dos equipamentos mediúnicos afirmava o seu propósito doentio de desforra terrível.

Ao terminar a reunião, porque os seus membros e o médium apresentassem significativa preocupação, o instrutor bondoso referiu-se que a colheita é sempre inevitável, desde que anteriormente haja existido a sementeira. No entanto, são muitas as formas de resgate, pois que a Justiça Divina é também rica de misericórdia. E com muita sabedoria propôs ao médium que poderia optar entre ter o adversário ao seu lado, na condição de desencarnado, sem freio nem controle, ou também ao seu lado, porém no escafandro físico, no qual poderia experimentar menos liberdade de ação...

Após meditar demoradamente, em dias posteriores, o nosso Izidro, conforme me confidenciou depois, aceitou recebê--lo na condição de companheiro carnal. Porque vivendo em castidade, a fim de canalizar todas as suas energias para a função mediúnica, aceitava o inimigo em futuro corpo físico, por intermédio de outrem, a fim de o ajudar, investindo sacrifício e abnegação por amor a Jesus.

Algum tempo depois, informou-me que o adversário desaparecera do seu campo espiritual e que acreditava encontrar--se em processo de reencarnação.

Não demorou muito e confidenciou-me que o vingador voltara à Terra, somente que não tinha ideia de como chegaria até ele.

O gentil mentor silenciou, concatenando as ideias e depois deu continuidade à narração:

– Não é importante detalhar como Eduardo foi identificado e as circunstâncias através das quais veio morar no seu lar... A verdade é que foi aceito como cooperador, menino para recados, depois estudante modesto, conseguindo um título universitário a duras penas, em face dos seus limites mentais, transtornos emocionais e psíquicos. Não tem podido exercer a profissão em razão da inabilidade, sendo ajudado pelos amigos do médium que tentam minimizar-lhe a penúria econômica...

Nesse comenos, nosso caro Izidro reencontrou antigo afeto que se perdera nos labirintos da reencarnação, agora no corpo

Entre os dois mundos

físico, novamente em situação lastimável: solidão, perturbação esquizofrênica, conflitos sexuais profundos que o atormentam.

Resolveu-se, devotado, por distender-lhe mão fraterna e socorrista. Após muitos trâmites com a família do amigo, que lhe transferiu com facilidade a carga, ei-lo hospedado no seu lar, ampliando a área de conflitos e tumultos com Eduardo, o soberbo e obstinado perseguidor.

Atualmente, enquanto Marcondes, o amigo aflito e gentil, é vítima de periódicas manifestações esquizofrênicas que o levam a internamentos temporários, Eduardo banqueteia-se na dominação da casa e nas atitudes grosseiras em relação aos amigos do seu benfeitor, mudando de conduta somente em relação àqueles que lhe compreendem a psicologia e o remuneram generosamente.

Essa é a situação lamentável, para a qual recorremos ao amigo e aos seus cooperadores.

Terminara a elucidação, quando nos acrescentou, penalizado:

— *Eduardo acaba de chegar.*

Saímos, acompanhando o nobre instrutor espiritual, que não necessitou indicar-nos o adversário do bem.

Colérico e atormentado, assinalado por complexo de inferioridade que procurava disfarçar com a presunção, apresentava a fácies típica do esquizoide.

Automaticamente reclamou com os enfermos, enfureceu-se com algumas crianças irrequietas, adentrou-se pela cozinha e, com sorriso sarcástico, dirigiu-se a algumas senhoras que ali laboravam, espicaçando-as:

— *Conquistando o Reino dos Céus com os miseráveis da Terra, não?*

265

As servidoras, que o conheciam, sorriram algo desconcertadas, enquanto uma delas, também atormentada, rilhou entre dentes semicerrados:

– *Chegou o satanás!*

Todas se entreolharam, sorriram e continuaram a faina, enquanto ele, inquieto e hostil, saiu, fiscalizando o ambiente.

As maneiras bruscas e intempestivas de que dava mostras, expressavam o aturdimento emocional e a instabilidade mental de que se encontrava possuído.

Observei-o com um misto de compaixão e de amizade. Nada obstante, ele parecia comprazer-se em inspirar animosidade, antipatia.

Chamou-me a atenção o acompanhamento espiritual de baixo teor vibratório, constituído por verdadeira chusma de irresponsáveis desencarnados e de conscientemente perversos obsessores, que se lhe utilizavam para a convivência da insensatez.

Àquele momento, quase meio-dia, estavam chegando pessoas de outras cidades que acorriam à instituição, na esperança de um contato com o médium generoso, a fim de beneficiar-se de algumas instruções ou socorro espiritual, através de alguma página de seres queridos que se encontravam na Erraticidade.

Depois de censurar uns e repreender outros visitantes, que se submetiam humildes às suas extravagâncias emocionais, foi postar-se à porta de entrada, assumindo a figura de vigilante insensível, exclusivamente para maltratar os necessitados que se encaminhavam ao núcleo de amor.

Os seus comparsas desencarnados riam às escâncaras, desfrutando da situação caótica, enquanto dirigiam doestos

Entre os dois mundos

e acusações aos que se acercavam do ambiente, cansados uns, enfermos outros, expectantes os demais.

Inspiravam piedade o seu comportamento agressivo e a carantonha, que formavam um conjunto próprio para inspirar receio.

Do lado externo da Casa Espírita, uma multidão de desordeiros desencarnados provocava crescente onda de perturbação, às vezes, alcançando visitantes imprevidentes ou portadores de distúrbios de comportamento, de obsessões, que se transformavam em presas fáceis para as suas armadilhas.

Inegavelmente, um grande número de Entidades dedicadas ao bem vigiava as instalações e tomava providências saneadoras do mal e impeditivas de invasão do recinto pela malta infeliz.

Àquele momento, a sopa começou a ser servida entre preces sinceras e tormentos dos beneficiários.

As mãos da caridade transformavam-se em significativo apoio fraternal, atendendo os esfaimados, enquanto, ao mesmo tempo, os corações buscavam confortá-los, alentando-os com a esperança de melhores dias e propondo-lhes a resignação dinâmica, a fim de que não deperecessem na luta nem descambassem para a revolta ou a alucinação.

Duas horas após, e o serviço de alimentação estava encerrado.

As mesmas pessoas laboriosas e gentis encarregaram-se da limpeza da área, preparando-a para o ministério que teria lugar, logo mais, à noite.

Eduardo continuava no posto de vigília, ocioso e explorador. Cercado por alguns sequazes do mesmo nível moral, deliciava-se em contar anedotas picantes, em cuja arte se esmerara, não deixando de dirigir apontamentos cínicos em relação àqueles que já se aglomeravam em volta da pequena sala de sessões, anelando por paz e iluminação.

Atendendo às instruções do nobre mentor, demoramo-nos no recinto, auscultando os sentimentos e necessidades dos indivíduos e grupos que se multiplicavam, acotovelando-se e empurrando-se, na ânsia de conseguir um lugar mais próximo da mesa de trabalhos mediúnicos.

Às 19h, chegaram o médium Izidro, Marcondes e devotado amigo que os trouxera de automóvel.

Marcondes, embora se apresentasse com aparência simpática, não ocultava os conflitos pessoais nos quais se debatia.

Acompanhava o amigo com imensa ternura e sentimento profundo de gratidão.

Quando o pequeno grupo atravessou o portão lateral em que Eduardo se instalara voluptuoso, a fim de impedir que por ali se adentrassem pessoas que aguardavam o médium, ironizou Marcondes, com habilidade, a fim de desestabilizá-lo emocionalmente, o que não conseguiu, por que Izidro desviou a flechada com refinada jocosidade.

Pude notar o estado de deperecimento do médium, que se apresentava pálido, enfraquecido, necessitado de apoio vigoroso para caminhar, desanimado e triste.

Nada obstante, quando a multidão de amigos e de simpatizantes o viu e o saudou, ele esforçou-se por corresponder à expectativa, abrindo-se como um botão de rosa ao cálido beijo do Sol...

Sorriu, jovial e amigo, assimilou as energias de ternura e de afeto que lhe eram dirigidas, renovando-se e, quando chegou à mesa, ocupando o lugar que lhe era destinado, parecia rejuvenescido, revigorado...

Entre os dois mundos

Pude aquilatar o efeito do milagre do amor, como também observara a consequência das punhaladas do ódio disparadas pelo esquizoide.

A reunião obedecia aos padrões exarados pelo Espiritismo: a prece de abertura, a leitura de *O Evangelho segundo o Espiritismo* e de *O Livro dos Médiuns*, ambos de Allan Kardec, a fim de servirem de temas para os comentários da noite, e de imediato, a captação de mensagens psicografadas por alguns poucos médiuns sob a experiência do servidor abnegado.

Seu mentor espiritual providenciara com antecedência, quais os comunicantes que poderiam vir atender às necessidades familiares e os convidados especiais para as mensagens iluminativas de maior responsabilidade, todos ali presentes aguardando o programa estabelecido. Nada de improvisações, nem de surpresas.

Em sala contígua, uma equipe de dedicados médiuns curadores entregava-se ao mister do passe e da fluidificação da água, diminuindo as aflições e os sofrimentos dos pacientes que os buscavam.

Enquanto isso, na parte externa da sala, dentro mesmo dos muros da instituição, Eduardo, sem o menor respeito pelo que se desenvolvia no recinto, prosseguia com a súcia, promovendo comentários depreciativos e anedotário grosseiro, coroando as expressões doentias com gargalhadas estrídulas.

Tratava-se, sem dúvida, toda aquela área de um campo de batalha espiritual.

A mediunidade exuberante de Izidro, as intenções enobrecidas dos membros da instituição e de muitos visitantes atraíam formosos mensageiros da Luz, despertando, também, muitas consciências ultrajadas, que estorcegavam no Além-túmulo entre arrependidas e desejosas de reparação, ao tempo em que provocavam a fúria de terríveis adversários da Humanidade.

Havia campos vibratórios específicos para o trânsito de uns como de outros desencarnados, de modo que as emissões mentais negativas não criassem dificuldade ao ministério que deveria ser realizado com segurança e disciplina.

De acordo com as disposições interiores, os visitantes que se adentravam no ambiente, sintonizavam as faixas vibratórias que os defendiam, conforme o cultivo dos pensamentos, os hábitos, as palavras e as ações que lhes eram peculiares, ou permaneciam expostos à própria sorte...

Alguns obsidiados também rondavam as cercanias sob o comando dos seus algozes. Outros eram conduzidos por benfeitores do Mundo maior que os traziam, a fim de que se pudessem beneficiar.

Nesse comenos, vi adentrar-se uma estranha figura humana, que misturava a feiura à miséria econômica e social. Coberto de andrajos, muito sujo e parecendo hebetado, conseguiu vencer as dificuldades que o separavam da mesa mediúnica e foi-se chegando até ficar próximo ao médium Izidro em transe profundo. Em ali estando, enquanto produzia certo mal-estar nas pessoas que lhe estavam perto, ele começou a harmonizar-se, sintonizando o seu pensamento no médium e reflexionando nos painéis da mente em despertamento...

— *Ei-lo chegado* — pensava triste — *das extravagâncias suntuosas do poder e do prazer, de que se utilizara desastradamente, para a aprendizagem na penúria em que se encontrava.*

Entre os dois mundos

De príncipe poderoso a ralé desprezível, rejeitado e anatematizado por quase todos, recuperando-se na vigorosa expiação. Ali, experimentava paz e refazia-se, a fim de suportar as refregas necessárias ao reequilíbrio.

Desde quando começaram os labores mediúnicos, Izidro, portador de faculdade ostensiva e vigorosa, com muita facilidade no trânsito do desdobramento, liberou-se parcialmente do corpo e passou a cooperar com os mentores na realização espiritual.

Exteriorizava peregrina luz e demonstrava grande elevação, que a todos nos cativou.

Nosso benfeitor acercou-se-lhe, conduzido pelo seu guia espiritual e, após a apresentação fraternal, entreteceu agradável conversação, de que todos fizemos parte.

Ele se encontrava informado anteriormente a respeito do nosso grupo de trabalho e da finalidade da nossa visita ao núcleo sob sua custódia espiritual e, por isso, agradeceu comovidamente ao Dr. Almeida tudo quanto pudesse ser investido em favor de Eduardo e de Marcondes, por efeito, em benefício da sua saúde muito comprometida e das suas forças físicas e morais alquebradas.

Enquanto se sucediam as comunicações psicográficas sob o comando e ordem de abnegado e sábio instrutor, o médium atendia também desencarnados em aflição, alguns Espíritos que se iriam comunicar, trazendo notícias aos familiares, explicando-lhes como ocorria o fenômeno e a calma que deveriam manter para a eficácia desejada no projeto estabelecido...

Quando viu entrar aquele irmão espoliado pela própria loucura, acercou-se-lhe, abraçou-o, revigorando-o, e falou-lhe ternamente ao sentimento, de modo que ele pudesse abastecer-se de energias para continuar carregando o seu fadário.

Da mesma forma que o sofredor adentrara-se, após alguns momentos, sentindo-se renovado, saiu, desaparecendo nas sombras da noite, no lado exterior da sala.

Algumas pessoas inescrupulosas que haviam subornado Eduardo, a fim de serem recebidas para uma entrevista relativamente particular com Izidro, mantinham-se indiferentes ao dignificante ministério espiritual e ficaram ao seu lado, sem auferirem qualquer benefício direto da reunião. Aguardavam, com certa ansiedade, que logo terminasse aquele labor, de modo que pudessem fruir da convivência do missionário do bem que, mesmo cansado, recebia-os no lar, em face das imposições do secretário desalmado.

Aquele imenso recinto de trabalho estava atendido por mensageiros do amor e da caridade que os ministravam a mancheias, abençoando e insculpindo nas almas receptivas os ensinamentos que as libertariam da ignorância em que se perdiam.

Em altas horas da noite, os trabalhos foram encerrados e as mensagens, como verdadeiros bálsamos, alentos, convites à mudança de comportamento e segurança de imortalidade, começaram a ser lidas entre lágrimas dos seus destinatários e também de todos quantos sintonizavam com os seus formosos conteúdos.

Os beneficiários afastavam-se felizes e enriquecidos de vida, conduzindo as páginas recebidas, como se fossem a materialização dos seres queridos que a morte arrebatara, mas não destruíra. Suas mentes e seus sentimentos planejavam homenageá-los, repartindo com os infelizes abençoadas quotas de amor e de caridade, ao tempo em que

Entre os dois mundos

se dispunham a total reforma íntima ante os padrões do Evangelho de Jesus.

Izidro e reduzido grupo de pessoas que se dirigiram à sua casa, foram os últimos a abandonar a modesta Casa Espírita, sendo conduzidos por Eduardo, triunfante e irresponsável, alçado, porém, a uma posição que não tinha condições de exercer...

23

EDUARDO E MARCONDES

Embora o médium, vitalizado em Espírito, proporcionasse mais vigor ao corpo físico, ao retornar da superior atividade socorrista, diante da presença nefasta do auxiliar e das suas sucessivas ondas de agressividade, voltou a experimentar o cerco da tristeza. Apesar de haver superado o abatimento anterior, percebia-se-lhe ainda o desgaste físico e emocional.

Chegando a casa, os privilegiados pelo dinheiro foram acomodados ao lado de excelentes servidores de Jesus, convidados pelo anfitrião dedicado, estabelecendo-se convívio saudável, de que não participava Eduardo, sempre arredio, desconfiado, rebelde...

O missionário do bem se aproveitava da circunstância para lecionar alegria, utilizando-se de experiências pessoais, jocosas umas, outras comovedoras, muitas enriquecidas de sabedoria, alcançando também aqueles que traziam inquietações mesquinhas e interrogações destituídas de sentido. Esses não se interessavam muito pelo conhecimento espírita, mas diante da aura de bondade espontânea e de sacrifício do médium, terminavam por impregnar-se das suas lições, encantando-se com os seus ensinamentos, que conduziam quando de retorno aos lares.

Sempre se podem lucrar bênçãos, quando expostos à Verdade, conscientemente ou não. O importante é banhar--se pela água lustral do conhecimento nobre e os resultados serão sempre produtivos.

A madrugada anunciava-se lentamente e, a pouco e pouco, as pessoas afastaram-se do lar do amigo, buscando o repouso necessário.

Quando o silêncio amortalhou o ambiente e o sono físico apossou-se dos residentes, sob o seguro comando do Dr. Arquimedes começaram as atividades a nós pertinentes.

Liberado com facilidade e assessorado pelo seu guia espiritual, Izidro logo se nos acercou, enquanto Ângelo, utilizando-se de passes especiais desprendeu Eduardo, e Germano encarregou-se de fazer o mesmo com Marcondes.

Ambos apresentavam-se anestesiados pelo exsudar compacto dos fluidos animais que os revestiam, desacostumados à liberação dos vínculos poderosos do corpo físico em que se encontravam mergulhados.

Retornamos à sala em que estivéramos, horas antes, adequadamente preparada para o mister espiritual que seria desenvolvido.

Proferida comovedora oração por Izidro, cristão sincero e íntegro, nosso benfeitor acercou-se de Eduardo e o despertou, chamando-o nominalmente.

Logo após, foi realizada a mesma operação com Marcondes, que teve mais facilidade para recobrar a consciência.

Ato contínuo, o instrutor explicou:

— *Aqui estamos para estabelecer novos critérios e procedimentos junto ao nosso médium, que se encontra combalido e dando mostras de cansaço, tendo a sua cuidadosa missão*

Entre os dois mundos

ameaçada de interrupção, em face do comportamento dos amigos que ele albergou junto ao coração para ajudar.

Eduardo, surpreendido e lúcido, assumiu a postura de inclemente vingador, cínico e perverso, resmungando, desagradado. Reconhecia estar em desprendimento espiritual sob controle, o que o impedia de irromper em impropérios, porque, afinal, embora se houvesse tornado verdugo do amigo, era covarde moralmente, como sói acontecer com todos aqueles que buscam desforço nos outros, incapazes de vencer as tendências infelizes e os hábitos nefandos.

— *O irmão Eduardo* — informou, diretamente, o mentor — *acredita-se vítima eterna daquele que lhe é hoje devotado benfeitor e amigo, que investiu os melhores créditos em favor do seu renascimento na carne, a fim de o ajudar, escoimando-o dos delitos que se permitiu antes de sofrer-lhes as consequências. Acredita-se possuidor da adaga da Justiça para martirizar e destruir a alegria daquele que se dedica a salvar vidas, fiel a graves compromissos assumidos anteriormente.*

— *Sim, sou vítima* — interrompeu, presunçoso, o libertino. — *Tudo quanto ele faça em meu favor, será nada mais do que devolver-me parte dos prejuízos que me causou.*

— *Isto é o em que você finge acreditar, porquanto não ignora a inferioridade que o caracteriza, invejando a superioridade daquele que lhe gerou algum embaraço, quando no corpo feminino, de que você desejou apossar-se.*

Sentindo-se desmascarado, porque sempre ocultou o motivo real da sua animosidade, antes que recobrasse a verbosidade fulminante, o guia falou-lhe:

— *Iremos examinar com mais profundidade o drama que lhe teria gerado a rebeldia contra quem hoje lhe distende braços generosos, que você, infelizmente, nada tem feito por merecer.*

Aproximou-se do celerado e, em tom enérgico, induziu-o ao sono da consciência, a fim de que pudessem despertar os arquivos do inconsciente profundo, onde estavam registrados os acontecimentos a que se reportava:

– *Adormeça e autopenetre-se! Descanse da excitação e acalme-se. Viaje comigo no tempo. Recue na busca dos acontecimentos que recorda de maneira pessoal, injusta e deturpada. Reviva os tormentosos dias de Carlos IX e de sua genitora Catarina de Médicis, na França, a partir de agosto de 1572, no auge das guerras de religião que haviam começado bem antes...*

O paciente adormeceu profundamente e a sua respiração, à medida que o benfeitor referia-se ao seu passado, tornava-se agitada, com ligeiros tremores que o sacudiam no leito em que fora adrede colocado.

– *Recorde-se* – impunha-lhe a voz calma e vigorosa do agente espiritual – *dos tumultos que sacudiam o palácio das Tulherias, ante a proximidade do casamento de Margarida de Valois, as inquietações que tomavam conta de Paris e da França... Lembre-se do almirante Coligny, a quem você traiu... Rememore as sombras densas nas câmaras reais, na noite que ensejou a grande matança... É noite de 23 do referido agosto. Catarina está inquieta. A família de Guise, que partilha do poder infame, confabula sediciosamente programando a carnificina. A duquesa de Nemours estimula Catarina a levar o documento de liberação da matança ao filho desditoso e perturbado, enquanto uma jovem menina acompanha toda a trama, na sala imensa em parte mergulhada em sombras... Ela vê você, também envolvido na urdidura da crueldade, especialmente contra o seu comandante, e fica estarrecida... Tudo ali a apavora. Logo depois, vitoriosa, Catarina exibe para a amiga a liberação do crime assinada por seu filho, o rei...*[6]

Entre os dois mundos

– *Basta, infame!* – blasfema o transtornado.

– *É claro que basta, porque você conhece o que sucedeu depois. A morte de milhares de calvinistas, vitimados pela vilania da terrível megera, genitora do rei, que ambicionava muito mais para o outro filho, seu privilegiado, cometendo a atrocidade nos dias do casamento da própria filha, acontecimento esse que atraiu a Paris inusitado número de* inimigos de Deus e da França, *os calvinistas, conforme se referia.*

A sua imagem ignóbil ficaria impressa a fogo na memória da adolescente, que o detestou como a todos aqueles que se fizeram instrumento dos hediondos acontecimentos. Não é de estranhar que, mais tarde, quinze anos depois aproximadamente, quando senhora de muitos bens, desfrutando grandes regalias na corte e portadora de expressiva beleza, sendo assediada pelo seu insidioso interesse em conquistá-la para submetê-la aos seus caprichos, utilizou-se do prestígio de que desfrutava, acusando-o de traição à fé católica e à pátria, conseguindo que o atirassem num calabouço de vergonha e de morte, muito comum então, livrando-se do inclemente perseguidor.

Afinal, a sua traição a Coligny convidava-o a viver o mesmo drama do nobre almirante.

As lutas de religião prosseguiram então e demoraram-se por muitos anos, como efeito infeliz da desditosa Noite de São Bartolomeu, de que a França iria reabilitar-se somente mais de duzentos anos depois, nos dias da Revolução, iniciada a 14 de julho de 1789.

---

6. Constatamos que Eduardo fazia parte do mesmo grupo a que pertencera o caro amigo Laércio, conforme o Capítulo 11 da presente obra (nota do autor espiritual).

Houve um silêncio significativo. Todos estávamos surpreendidos com a sabedoria do mentor e com a grandeza das leis que nunca fere inocentes...

O médium Izidro chorava discretamente, recordando-se, por certo, também, daqueles atros dias.

– *Convenhamos* – prosseguiu Dr. Arquimedes – *que o irmão vem doente, desde há muito. A sua perversidade atual era-lhe conduta habitual então, de que se utilizava para estuprar jovens que eram arrebanhadas pelos seus auxiliares e trazidas, indefensas, à sua vil presença, infelicitando-as em definitivo. Por certo, não arrolou o número dessas moças violadas que resvalaram para a prostituição, para o crime, para a loucura, para o suicídio... Não seja de estranhar, portanto, o sentimento de inferioridade que o martiriza, em decorrência da cor atual da epiderme, que considera infame, do lar humilde em que renasceu, das graves convulsões epilépticas periódicas, que lhe dão instabilidade frequente e do distúrbio esquizofrênico, mas através dos quais será levado à paz de consciência, se souber aproveitar os procedimentos purificadores com que o Céu o privilegiou.*

Bem reconheço que não lhe será fácil uma mudança radical, mas não se pode impedir de tentar a transformação do sentimento, aproveitando a oportunidade feliz de serviço ao próximo ao lado do seu anjo tutelar, sendo gentil com os pacientes que vêm buscar socorro, abrandando a cólera fácil, auxiliando o seu próximo. Deus faculta-lhe uma instrumentação superior e variada para a rápida reabilitação e reconquista da harmonia íntima. Aproveite desses recursos, sem tardança, enquanto luz a ocasião ditosa.

O sábio mentor comovera-se ante a Misericórdia Divina, que faculta tantas concessões aos calcetas, que somos quase todos nós, a fim de que nos reabilitemos, mesmo que sem qualquer mérito para a ascensão que nos aguarda.

Nesse momento, como mecanismo de fuga, Eduardo pareceu predisposto a uma crise convulsiva. O mentor, porém, falou-lhe com energia:

— *Reaja ao transtorno emocional, porque você não se encontra sob a injunção dos neurônios cerebrais... Mantenha-se lúcido, consciente. Reaja!...*

Eduardo recobrou a calma, irrompendo em sincero pranto, que bem podia ser de arrependimento ou de autocompaixão, seria difícil definir, em face da sua constituição espiritual e do seu caráter venal.

Você irá proteger o irmão que lhe abriu o coração, reabilitando-se e propondo-lhe felicidade. Ser-lhe-á servidor devotado, a fim de que os seus dias, na Terra, sejam prolongados em favor do ministério que ele abraça.

...E aproveite-lhe a convivência para melhorar o padrão mental e de conduta emocional, preparando-se para o amanhã, quando ele o antecipar na viagem de volta à Pátria. Mergulhe o pensamento e a emoção nas páginas da Doutrina Espírita, que nunca lhe mereceu qualquer respeito ou atenção, a fim de iluminar-se, vencendo as heranças mórbidas do passado.

No silêncio, que se fez natural, Ângelo acercou-se e aplicou-lhe passes de refazimento de energia e de renovação emocional.

Minutos após, o enfermo da alma dormia algo tranquilamente.

Desde quando o hábil hipnotizador espiritual conduzira Eduardo ao passado, a indução bem aplicada atingiu também Marcondes, que passou do estupor inicial do que ouvia ao profundo sono que o mergulhava no pretérito.

O psiquiatra espiritual gentil aproximou-se do sofredor e falou-lhe, com certa doçura:

– *Desperte agora para as lembranças do mesmo período... Você conheceu Eduardo naquela conjuntura, após a matança de 24 de agosto... Fizeram-se amigos... também participou com irresponsabilidade de algumas escaramuças religiosas e dissipações morais. Mas não era de compleição odienta. Mais tímido e vulnerável, deixou-se conduzir pelo comparsa, comprometendo-se gravemente. Agora dispõe de oportunidade ditosa de refazer o caminho, de renovar as aspirações, de edificar a felicidade futura.*

Calou-se, a fim de dar tempo à retentiva do ouvinte trazer de volta os torpes acontecimentos.

De súbito, Marcondes suspirou dolorosamente e bradou:

– *Sou um infame! Não mereço compaixão nem ajuda.*

– *Engana-se. Somos todos frágeis, comprometidos com a consciência, credores de misericórdia e de piedade. Por isso, o Supremo Pai concede-nos oportunidades contínuas para a reabilitação que não podemos postergar indefinidamente. Não seja cruel com você mesmo, a ponto de escusar-se ao auxílio dos Céus.*

– *Sou revel! Matei em nome de Deus, usurpei os recursos de outros, maquinei misérias contra o meu próximo, vilipendiei a verdade... e apodreci em vida num cárcere subterrâneo, esquecido... Mas não paguei tudo quanto fiz de mal.*

– *A Deus cabe a análise das ocorrências. A culpa que o aflige é efeito natural do despertar da consciência, mas não lhe dá o direito de eleger punição, porque os nossos são os recursos da injustiça e da ignorância.*

Entre os dois mundos

O querido irmão também se apaixonou pela jovem diva, a quem já nos referimos – Georgette-Louise –, e, embora lhe despertasse algum sentimento de simpatia, a sua convivência com o detestável violentador estimulou-a a recusá-lo, sem que o haja esquecido.

Em razão daquela memória, foi buscá-lo no tormento em que tombou após o casamento fracassado e o surto esquizo-frênico que o levou ao hospital psiquiátrico, dando-lhe guarida e facultando-lhe ocasião para a reabilitação que tem sabido utilizar com nobreza.

A vida são as lições de recomeço incessante e de supe-ração das paixões que nos agrilhoam ao solo do primarismo pelo qual iniciamos o processo de crescimento. Saber aproveitar cada momento, avançando, mesmo que vagarosamente, é o que nos cumpre realizar, especialmente depois de travarmos conhe-cimento com o Espiritismo, a sublime Mensagem que nos traz Jesus de volta à convivência.

Não tema, meu irmão! Liberte-se das aflições que o mo-lestam, instalando no íntimo a irrestrita confiança em Deus, certo de que triunfará, caso permaneça trabalhando, auxilian-do o amigo e benfeitor, com o mínimo que seja, não lhe criando qualquer embaraço ou dificuldade, tornando-se ponte que faci-lita o acesso, jamais obstáculo que impede o trânsito.

Seus vigilantes amigos espirituais estarão socorrendo-o nos momentos mais difíceis, inspirando-o a vencer o cerco dos inimigos desencarnados que foram granjeados naqueles dias e a superar as tendências doentias que remanescem no país da sua realidade.

Agora, que as lembranças ressumaram, durma para diluí-las outra vez, ficando somente as recordações saudáveis da nossa convivência, da presença do bem na sua existência, de tudo quanto pode produzir e realizar em favor de si mesmo e do seu próximo. Deus o abençoe!

Germano acudiu ao dever e aplicou energias anestesiantes no paciente, que logo voltou a dormir com tranquilidade.

Izidro, tomado de imensa gratidão, e emocionado abraçou nosso instrutor, agradeceu-nos a todos com palavras ricas de gentileza cristã, renovando o entusiasmo para o prosseguimento dos deveres abraçados.

Naquele momento, uma luz penetrante e bela desceu sobre todos nós, provinda de elevada Esfera de bênçãos e dei-me conta que se tratava de energia emitida pelo venerando Policarpo, que certamente acompanhava os acontecimentos que se desenrolavam naquele recinto espiritual.

Estávamos inebriados de emoção pela beleza da luminosidade que a todos nos alcançava, penetrando-nos inteiramente, molécula a molécula e produzindo inefável bem-estar.

Ato contínuo, com grande emotividade, o nobre Clímenes, o guia espiritual de Izidro, com elevada oração encerrou a reunião, sendo reconduzidos ao lar os convidados em espírito, enquanto a Natureza respirava a brisa do amanhecer de suave claridade.

24

DIÁLOGOS E ELUCIDAÇÕES OPORTUNAS

A minha mente esfervilhava de interrogações. As observações haviam sido muitas. Eu recordava--me que, mesmo enquanto estava na jornada física, tomara conhecimento de que algumas dezenas de milhares de Espíritos que participaram da Revolução Francesa encontravam-se reencarnados no Brasil, a fim de contribuírem com a sua missão histórica de expandir o Evangelho em devolução a outros povos. Ignorava, no entanto, que também aqui estivessem os verdugos da corte de Carlos IX e Catarina de Médicis, membros nefários da *Noite de São Bartolomeu* e dos seus dias subsequentes.

Constatava agora, que isso era lógico, em face da oportunidade que tiveram os hediondos perseguidores dos calvinistas de reabilitar-se nos dias da Revolução, e que, não o conseguindo, receberam nova chance, porém, fora da psicosfera onde inscreveram os terríveis desmandos, portanto, noutro país, que não a França...

Assim, enquanto nos dirigíamos a um bosque encantador, onde repousaríamos um pouco, havendo ensejo oportuno, interroguei o Dr. Almeida:

– *Constato, após a elevada reunião que tivemos, que alguns dos envolvidos em dramas espirituais e expiações dolorosas, no Brasil, procedem, também, daquele agosto terrível e dos anos que o sucederam.*

– Sim, caro Miranda – redarguiu, gentilmente, o benfeitor. – *Como a Revolução Francesa de 1789 é a continuação natural dos acontecimentos detestáveis ocorridos há mais de duzentos anos, é compreensível que aquelas personagens que fomentaram a hediondez estejam ressuscitadas na carne dos que geraram as tragédias posteriores, embora os ideais de libertação de que se fizeram portadores os filósofos e idealistas.*

Não podendo prosseguir na psicosfera do país, no qual adquiriram tantos adversários, foram encaminhados esses Espíritos endividados para uma nação onde não tinham compromissos infelizes, a fim de auxiliarem no seu desenvolvimento e serem ajudados na própria recuperação espiritual.

Tudo, em a Natureza, obedece a uma planificação cuidadosa e mantém-se mediante sábio intercâmbio de forças e de auxílios recíprocos. No que diz respeito ao processo de evolução do ser imortal, os venerandos guias da Humanidade cooperam entre si, de modo que um grupo étnico auxilie outro em maior dificuldade, uma comunidade histórica abra portas a outra que necessite de renovação e conquista de paz.

Tem sido assim através dos tempos. Impérios que sucumbiram ante a violência de que se fizeram arbitrários dominadores, ressurgiram em novas nações que permitem, àqueles fracassados, a oportunidade de aplicarem as habilidades e conhecimentos que fomentam o progresso do novo grupo, enquanto lapidam as imperfeições morais e engrandecem os sentimentos. Assim, vemos os atenienses retornando nas roupagens culturais e artísticas dos parisienses, os espartanos volvendo ao

Entre os dois mundos

proscênio terrestre entre os alemães, os conquistadores roma-
nos vestindo as novas indumentárias da América do Norte, e
sucessivamente...

Ninguém sairá do palco terrestre sem que sejam subli-
mados os valores da inteligência e da emoção, que se apresenta-
rão em qualquer parte do cenário planetário.

Porque o benfeitor parecesse permitir-me o prolongamento da conversação renovadora, volvi à carga, indagando:

— *Notei que o querido servidor utilizou de métodos dife-*
rentes no atendimento a Eduardo e a Marcondes. Ao primeiro,
foi aplicada uma terapia enérgica, enquanto que, ao segun-
do, foi oferecida uma de natureza mais suave. Por que esse
procedimento?

— *É compreensível que, diante de uma enfermidade*
perigosa, dilaceradora e em estado de avanço inexorável, se-
jam utilizados os recursos mais vigorosos, como amputação dos
membros degenerados, aplicação de processos de químio e ra-
dioterapia, objetivando-se salvar o paciente e não as suas par-
tes, algumas das quais, secundárias. No caso do nosso Eduar-
do, a gravidade do seu transtorno exige terapêutica severa, a
única portadora de recursos para despertá-lo para a realidade
de que foge, escamoteando a responsabilidade dos atos infames,
mediante a transferência de culpa que atira sobre outrem. O
nosso Marcondes, diferentemente, tem sido dócil ao sofrimento
reparador e, ao mesmo tempo, procede de maneira edificante
auxiliando o trabalho da fraternidade, sem reclamações quan-
to aos sofrimentos que o aturdem. Assim, embora portadores do
mesmo transtorno espiritual, encontram-se em estágios diferen-
tes de recuperação.

— *É possível prever-se como reagirão ambos os atendidos*
após o despertar e a partir de hoje, ao lado do médium Izidro?

— Sim, de alguma forma podemos concluir que Eduardo se apresentará indisposto, em face do seu temperamento rebelde. Atribuirá o desdobramento a conflito da personalidade e pensará que foi vítima, mais uma vez, de algum ardil provocado por adversários desencarnados. Entretanto, os recursos calmantes e as energias próprias para o seu estado, que lhe foram aplicados, diminuir-lhe-ão a agressividade, dar-lhe-ão ensejo de avaliar melhor a sua situação ao lado do seu protetor. No entanto, manterá o comércio infeliz com as Entidades perturbadoras, a cujo convívio se habituou, em face dos clichês mentais doentios em que se compraz... Haverá, cedo ou um pouco mais tarde, uma mudança para melhor, ao dar-se conta de que o companheiro devotado terá um período menos largo no corpo, o que irá feri-lo intimamente, pelo medo de perder os benefícios de toda ordem que haure, por estar-lhe ao lado.

Permanecendo na obstinação a que se entrega, será lamentável o prosseguimento da sua existência...

De referência a Marcondes, as lembranças serão mais vivas, aumentando nele o sentimento de ternura pelo amigo e a necessidade de trabalhar mais, a fim de readquirir a paz de que necessita com urgência.

— Não poderia, o nobre Clímenes, realizar o valioso concurso ministrado pela nossa equipe sob o seu comando?

— Não resta qualquer dúvida! — elucidou, sem enfado.

— No entanto, como nos encontramos na crosta terrestre com a específica finalidade de auxiliar alguns dos novos cristãos — os espíritas — a reabastecerem-se de energias e de valor para o prosseguimento do compromisso assumido em nossa Esfera, gentilmente o preclaro amigo reservou-nos o prazer de fazê-lo, assim auxiliando-nos em intercâmbio feliz, conforme referido anteriormente.

Entre os dois mundos

Acompanhando-nos o diálogo esclarecedor, Petitinga solicitou permissão para participar e, por sua vez, ante a anuência do sábio interlocutor, interrogou:

— *Não fosse a interferência oportuna que acabou de ter lugar, que aconteceria ao nosso irmão Izidro?*

— *A planta para desenvolver-se e manter-se saudável* — respondeu, calmamente — *necessita da luz do sol, que se lhe torna essencial ao crescimento, como ocorre nas diferentes expressões da vida na Terra. No entanto, o excesso de luz e de calor termina por ceifar-lhe a existência. Todos os Espíritos necessitamos da contribuição do sofrimento para nos amoldarmos aos compromissos superiores, todavia, quando eles atingem elevados níveis, tornam-se insuportáveis e podem levar-nos ao desequilíbrio e até mesmo à morte, por falta de ânimo para prosseguirmos, se nos encontramos no corpo físico. O nosso irmão Izidro vinha definhando, considerando-se fracassado no investimento aplicado em favor do seu pupilo. Sempre colhendo fel e acusações injustas, em alguns momentos sofrendo mesmo agressão física, em tremendo desrespeito moral aos seus títulos de enobrecimento, murchava, como que crestado pela ardência do calor insuportável emanado pelo revel cobrador.*

Muito embora afeiçoado à oração e à confiança em Deus, sentia-se desfalecer, porque os equipamentos orgânicos sofriam os choques resultantes das agressões contínuas e não alimentados pelo pensamento habitualmente otimista do médium, que passou a acolher a ideia da culpa, sem considerar os esforços de reabilitação que empregava. Essa atitude poderia levá-lo à desencarnação, mesmo porque se encontra sob moratória concedida pelo Senhor, a fim de poder ampliar ainda mais a área de iluminação de consciências e de socorros à Humanidade.

Recebendo-nos o concurso, rejubilou-se por sentir respondidas as suas súplicas direcionadas ao Pai Generoso, felicitando-se por ver confirmadas as suas reminiscências, nas quais não se encontrava como único responsável pelo fracasso e sofrimento do insurgente. Fixando no Espírito as energias superiores que foram absorvidas, especialmente aquelas que procediam do mártir da fé cristã primitiva, será vitalizado no corpo físico através das irradiações fomentadas pelo perispírito.

Nunca as maquinações das forças do mal lograrão êxito nas suas façanhas. A sua aparente vitória é sempre transitória, objetivando auxiliar aquele que lhe padece a injunção a despertar para os empreendimentos enriquecedores, a descobrir as ilusões a que se aferra, a auferir os benefícios da conduta elevada a que se deve entregar com devotamento...

Desse modo, todo aquele que se afadiga no bem, na execução das atividades fomentadoras do progresso e do desenvolvimento da vida, sempre encontra apoio no Mundo das causas, mesmo que lhe desconheça a realidade. O importante são os sentimentos geradores das intenções, facultando o entendimento dos métodos que devem ser aplicados na execução dos seus programas.

Silenciando, por breves momentos, logo depois, prosseguiu, generoso:

— *O nosso irmão Izidro, desde criança que experimenta o cerco danoso das Entidades vingadoras, que nele reconhecem um instrumento precioso de que se utilizam os nobres construtores da sociedade terrestre para o engrandecimento das vidas humanas. Ele faz parte do grupo de médiuns que, na atualidade, em diferentes partes da Terra, estão contribuindo para que o Espiritismo finque raízes na cultura, na ética e no comportamento social. Havendo retornado à Terra, mais de uma vez,*

Entre os dois mundos

após os dislates que se permitiu nos turbulentos dias dos séculos XVI e XVII referidos, conseguiu discernir com clareza a respeito dos objetivos reais da existência, adotando o comportamento cristão, que antes era desconsiderado.

No século passado, tomando conhecimento da revolução espiritual que teria lugar no planeta, ofereceu-se para trabalhar na mediunidade auxiliando a eclosão da Terceira Revelação judaico-cristã, que é o Espiritismo, a fim de integrar-se, por definitivo, nas fileiras dos servidores do Evangelho. Concluída a tarefa, apagou-se no anonimato a que se recolheram os demais abnegados médiuns da Codificação, ressalvadas poucas exceções. Convocado, posteriormente, para dar prosseguimento ao ministério imortalista, entregou-se ao mister com total abnegação, tornando-se um verdadeiro exemplo de fé e de ação evangélica.

Fazendo parte do mesmo grupo que esteve junto ao codificador, nos primórdios da tarefa, prossegue com aqueles abnegados seareiros, executando o programa divino sob superior supervisão.

Ante o silêncio natural, próprio para maturação das informações, volvi ao questionamento, indagando:

— *Equivale a dizer que aqueles instrumentos mediúnicos de que se utilizou o lúcido mestre de Lyon para a elaboração da Doutrina Espírita encontram-se reencarnados, neste momento, ou estiveram recentemente oferecendo seus condutos especiais para o prosseguimento da obra de cristianização da Humanidade?*

— *Exatamente! A obra não ficou concluída, naqueles dias, como é compreensível, embora a justeza e complexidade harmônica dos seus postulados. Não se trata, portanto, de uma Doutrina estanque. O seu campo de conhecimento é infinito como a própria Criação. Ampliando-lhe os conteúdos apresentados em síntese, Espíritos dedicados daquela primeira hora volveram para dar continuidade às investigações, ao desdobramento dos seus parâmetros, ao desenvolvimento das suas teses, na condição de investigadores, de escritores, de jornalistas, de oradores, mas também como médiuns eficientes e responsáveis, de forma que permanecessem abertas as portas de acesso à Imortalidade por intermédio das comunicações espirituais, que constituem a documentação viva e imbatível do que se encontra exarado nas obras básicas que lhe servem de alicerce.*

Por consequência, é compreensível a perseguição de que se veem objeto esses paladinos do bem. Os inimigos do progresso, que sempre se manifestaram contra a evolução e as conquistas do belo e do superior, investem com agressividade contra eles, tentando dividi-los, para mais facilmente os destruir, fomentando áreas de atrito insensato, para melhor confundi-los, estimulando grupos de admiradores invigilantes, para desviá-los dos deveres, ou gerando sofrimentos rudes, a fim de os desanimarem. Certamente, que esses verdugos agem em vão, porque os fiéis e valiosos trabalhadores estão vinculados a Jesus, a Quem servem, não se preocupando com as vaidades humanas nem com as disputas inúteis por pechisbeques e vanglórias. Conscientes das responsabilidades que lhes dizem respeito, mantêm-se ativos na execução do programa que lhes cumpre desenvolver, preservando os valores morais que os devem caracterizar, assim evitando o predomínio das imperfeições pessoais, que dão acesso às interferências das mentes infelizes, geradoras de problemas. Enquanto se mantiverem dóceis ao chamado do Senhor, seguirão adiante com desassombro e alegria, ampliando os horizontes da felicidade para todos os habitantes da Terra.

Entre os dois mundos

Apesar da gravidade do compromisso e da lucidez em torno da sua execução, como é compreensível, alguns irmãos menos resistentes às atrações do mal, desfalecem na coragem, estacionam nos desvios atraentes, detêm-se nos melindres do personalismo doentio, afastam-se da trilha do dever, magoados com os companheiros, sobre eles atirando a responsabilidade pela sua defecção, enfim, nem todos chegarão ao termo estabelecido conforme seria de desejar... Mas haverá outras oportunidades para quem permaneça na retaguarda, porque o Senhor é Todo Amor e Todo Misericórdia, jamais abandonando sequer aquele que O deixa por outros interesses...

Desse modo, ninguém, na Terra, pode considerar-se vitorioso em um empreendimento, especialmente sendo de natureza espiritual, enquanto investido da indumentária carnal. Somente após a libertação do cárcere orgânico é que poderá considerá-lo concluído, cabendo ao Sábio Condutor da sua vida a análise final da tarefa e o veredicto em torno dela.

Trabalhar atentamente, buscar iluminar-se interiormente, desenvolver os sentimentos de amor e de caridade no coração, tornando a mente clara para pensar com retidão e a existência dedicada à ação, constituem pauta de deveres a que todos nos devemos afeiçoar, enquanto nos encontramos no campo de batalha.

Pairava no leve ar da manhã um suave perfume que vinha do bosque para onde nos dirigíamos.

A Natureza, em festa, participava da azáfama dos elementais, zelando pelas forças vivas em harmonia cósmica.

Adentramo-nos pela mata exuberante, rica de beleza, de formas, de cores, de plantas, de insetos, de animais e de vida, permanecendo em uma clareira iluminada, onde nos detivemos em meditação e repouso.

25

AVALIAÇÃO DE TAREFAS E DESPEDIDAS

Ao cair da tarde, convidados pelo incansável orientador, começamos a visitar aqueles que antes haviam recebido nossa assistência espiritual, de modo que nos fosse possível realizar uma avaliação de resultados.

Passamos, então, a retornar aos lares amigos, nos quais houvéramos operado e examinado os companheiros queridos, alguns deles, em verdadeira convalescença, readquiriam forças para o prosseguimento dos compromissos que assumiram. Outros, renovados e felizes, continuavam abraçados ao ministério, ricos de esperança e de realizações.

Começamos pela cidade do apóstolo de Jesus, onde reinava uma grande paz.

Logo depois, visitamos Aurino, seguindo ao lar de Laércio, que particularmente me despertou a atenção, em face do esforço que ora desenvolvia para ajustar-se às novas conjunturas, reavaliando os prejuízos que a si mesmo se causara, enquanto programava intimamente a recuperação de que sentia necessidade inadiável.

Libertava-se da injunção penosa em que tombara, reconhecendo a gravidade da sua situação e a responsabilidade pela falência pessoal, ao mesmo tempo predispondo-se para dar continuidade ao renascimento íntimo onde a Divindade o colocasse.

As reminiscências da vida de dissipações que se permitira após a absorção de tantos e vigorosos conhecimentos doutrinários, atormentavam-no, ao mesmo tempo em que lhe facultavam melhor entender a diferença existente entre conhecer e vivenciar aquilo em que se pensa crer.

Silvério Carlos, totalmente entregue ao apostolado da caridade, percebeu-nos a presença, entusiasmando-se e agradecendo em prece silenciosa o benefício de que foi objeto, ao tempo em que rogava apoio e amparo para a continuação dos serviços a que se afervorava.

Captamos em sua mente que Almério transferira-se de cidade, após o incidente lamentável, não mais perturbando-o com a sua malévola presença.

A providencial assistência ministrada pelo Dr. Arquimedes e nosso grupo, sob a inspiração divina, facultara o prosseguimento dos serviços dignificadores e o prolongamento da sua preciosa existência física.

A instituição continuava recebendo os aflitos e desorientados, enquanto o Núcleo espírita prosseguia libertando as consciências que se enredaram nas malhas do mal ou impedindo-as de comprometer-se com os tresvarios da atualidade.

O jovem Dr. Emir Tibúrcio Reis conseguia implantar discreta e seguramente os procedimentos espíritas na clínica psiquiátrica, sensibilizando alguns colegas, enquanto suportava airosamente os opositores que sempre existem em toda parte, gerando dificuldades e mantendo a prosápia pessoal.

Entre os dois mundos

O seu mentor, Dr. Ximenes, informou-nos dos progressos alcançados e referiu-se às expectativas do êxito que se delineava para o futuro.

Os resultados da nossa visita foram positivos, favorecendo a ampliação de conceitos e de técnicas em benefício dos pacientes mentais sempre credores de carinho e de consideração, especialmente quando obsidiados e sem direção equilibrada de comportamento.

O mais constrangedor entre os atendidos pela nossa equipe foi o Dr. Marco Aurélio, que permanecia estertorando nas consequências do distúrbio que o acometera, antes da terrível flagelação que pretendia impor-se em relação ao futuro, assassinando a esposa enferma...

Sem poder entender a ocorrência salvadora, lutava, em Espírito, contra o corpo semiamortecido, que lhe não correspondia às exigências, lamentando o desencadear dos inúmeros infortúnios que decorreram da sua conduta desregrada.

Assim mesmo, nosso mentor providenciou que Ângelo e Germano lhe aplicassem socorro específico através dos passes, diminuindo a agressão à área cerebral afetada, de modo a propiciar-lhe menos aflição nos dias subsequentes. Enquanto nos encontrávamos assistindo-o, acompanhada pela genitora, deu entrada na enfermaria especializada, a senhora Lucinda, esposa desencarnada do falido advogado.

Jovial e refeita totalmente dos impedimentos orgânicos que a retiveram no leito e, por pouco, não facultaram o crime hediondo programado pelos perversos comparsas do seu marido invigilante, saudou-nos agradavelmente e, tomando conhecimento de que fora o nosso mentor quem operara as alterações ocorridas no seu lar, na noite fatídica, comoveu-se até as lágrimas, agradecendo a providencial interferência e rogando continuação de assistência para o companheiro inválido e os filhos imaturos.

Informou que, logo se recuperou do fenômeno da desencarnação, desejou visitar aquele que pensara em eliminá-la fisicamente. Aduziu que houvera percebido a sua intenção, mas que, impossibilitada de qualquer atitude, em face da paralisia que a tomara, experimentou angústia infinita, até a ocorrência calamitosa a que ele dera lugar, com a sua consequente liberação do corpo, em razão da Misericórdia Divina.

Esclareceu que, nada obstante, amava-o, experimentando tristeza por vê-lo na situação desditosa em que se debatia e, principalmente, pela falência ante o elevado compromisso espiritual que lhe dizia respeito. Confiava, porém, no Altíssimo, que lhe conferiria outra ocasião para prosseguir, talvez em condição diferente da atual, mas que não cessaria de interferir em seu favor, porquanto a ocorrência infeliz, de maneira alguma lhe afetava o sentimento de profundo amor. Esperá-lo-ia após o decesso carnal, e se lhe dedicaria como enfermeira eficiente, auxiliando-o no refazimento após o túmulo.

Acercou-se do leito e, tocando o *chakra* coronário do enfermo, chamou-o docemente, mais de uma vez. Embora o estado grave e a desarmonia cerebral, ele escutou-a no recesso do ser, identificando-lhe a voz e comovendo-se.

Um relâmpago de remorso feriu-lhe o pensamento e ele desejou prosternar-se em atitude humilde para rogar--lhe perdão, sem que pudesse expressar o sentimento que o invadiu.

Entre os dois mundos

Ela, no entanto, captou-lhe a vibração e, enternecida, acarinhou-lhe a cabeça úmida de suor, transmitindo-lhe palavras de alento e de fé na Misericórdia Divina, que ele desdenhara.

Nosso mentor despediu-se, o mesmo fizemos, e rumamos para a nossa base de atividades ali próxima.

A noite havia chegado, e o silêncio era profundo.

Quando alcançamos o campo onde se erguiam as edificações reservadas às diversas e numerosas equipes, dirigimo-nos àquela que nos fora reservada, enquanto observei que, de momento a momento, a noite era cortada por curioso rastro de luz, que recordava o atrito de algum meteoro com a atmosfera – a estrela cadente –, e que o benfeitor informou serem as novas caravanas que agora viriam substituir os grupos que retornavam à nossa Esfera.

Menos de uma hora transcorrida, com o coração túmido de alegria, dirigimo-nos ao edifício central, onde já se encontravam diversos grupamentos que operaram em diferentes regiões do país, esplendentes de felicidade em decorrência do labor santamente cumprido.

Dei-me conta, então, que se passara um mês, desde quando chegamos para iniciar o nosso périplo de auxílio fraternal.

Não me apercebera, no afã que tomara conta da minha mente, da velocidade com que transcorreram os dias, porquanto o importante eram as atividades que nos fascinam, especialmente no que tange à sustentação de forças aos trabalhadores do bem, momentaneamente combalidos e necessitados de reforço moral e espiritual.

Para minha surpresa e encantamento, o benfeitor Crescêncio, em Espírito, encontrava-se no recinto, exultante com os resultados da providência proposta pelo mártir Policarpo.

A reunião iniciou-se com ungida oração de agradecimento a Deus pela oportunidade de serviço a Jesus, Seu Filho amado, que foi proferida pelo responsável do cometimento, e, logo após, os diversos diretores dos grupos apresentaram breve relatório de resultados, recebendo o aval do guia gentil.

O Dr. Arquimedes igualmente sintetizou o trabalho executado, demonstrando a necessidade de futuras visitas aos beneficiários, de modo que prosseguissem fortalecidos na execução dos objetivos abraçados, no que foi secundado pelos demais dirigentes.

O venerando irmão Crescêncio anuiu de boa mente com a sugestão, informando que, aqueles que haviam recebido a valiosa contribuição espiritual de cada equipe, continuariam sob a sua fraternal assistência, conforme as possibilidades pertinentes, assim prosseguindo sustentados até o término da jornada terrestre.

Tratava-se de uma providência feliz, porquanto, não poucas vezes, no transcurso de qualquer realização, surgem desafios novos e surpresas perturbadoras que podem contribuir para o insucesso ou, pelo menos, para retardar o êxito do acometimento.

Assim, periodicamente, em grupo ou individualmente, os nossos irmãos receberiam nossas visitas e quaisquer providências que se fizessem necessárias, seriam levadas ao mentor, para definição, assim mantendo o clima otimista de realização sob as bênçãos de Jesus.

Três horas, mais ou menos, após o início da reunião, soou o momento de finalizá-la.

Entre os dois mundos

Bailavam em mim as emoções de reconhecimento e de alegria, na ingenuidade do servidor que apenas fez o que lhe foi recomendado, mas com a satisfação de haver sido convidado para o banquete de luz da caridade, que a mim mesmo muito enriquecera.

Enquanto música suave tocava-nos as fibras mais delicadas do sentimento, ouvimos a exoração, mesclada de súplica e de reconhecimento, proferida pelo apóstolo representante do mártir cristão:

– *Senhor Jesus!*

Aqueles que Te amavam no passado, ofereciam as existências em holocaustos de amor, que aceitavas em júbilo.

Entregavam-Te a vida, sem qualquer condição, demonstrando aos inimigos do amor que somente através da doação total é possível viver-se em plenitude.

Respeitavam a existência orgânica e nunca temiam a morte, em contínuos testemunhos de fé e de exaltação do Teu Nome, sem coragem de dirigir-se ao Pai que Te enviou para nós.

Seguiam-Te os exemplos e viviam as Tuas palavras com arrebatamento e, por isso mesmo, modificaram os rumos da História, insculpindo-Te o nome nas suas fulgurantes páginas.

Foram os demarcadores dos caminhos do futuro, por onde deveriam seguir aqueles que viriam depois.

Mas, que fizeram os seus sucessores? Ainda não amadurecidos para a liberdade, nem firmados com segurança nos propósitos santificantes da abnegação, inverteram a ordem dos Teus ensinamentos, profanando os Teus postulados e entregando-se às paixões dissolventes, em que se comprometeram.

Tu acompanhaste a alucinação generalizada, tomado de infinita compaixão por todos esses equivocados.

Nunca, porém, abandonaste-os, perseverando amorosamente ao seu lado, ensejando-lhes o ir e vir pelo carreiro das reencarnações até que despertassem realmente para assumir a postura de servidores fiéis da Verdade.

Eis que, agora, muitos daqueles desatinados recuperam-se da desdita a que se entregaram e estão dispostos a corrigir-se, empenhando-se, com total dedicação, no ministério redentor.

Aceita-nos o débil esforço e socorre-nos com a Tua Providencial Misericórdia, a fim de que não voltemos a desfalecer, nem a comprometer-nos com a loucura outra vez.

Recebe, desse modo, a nossa insignificante doação de amor e de respeito, através do serviço de auxílio ao nosso próximo emaranhado em dificuldades ou equivocado conforme já estivemos. É a nossa única forma de dizer-Te que estamos no caminho, trôpegos ainda, porém, avançando pela trilha que nos traçaste em luz.

Abençoa este nosso esforço, envolvendo aqueles a quem levamos o Teu conforto, com as Tuas concessões de luz e de sabedoria, para que se vençam a si mesmos e realizem o encontro final Contigo.

Mestre Inolvidável!

Distende o Teu olhar de compaixão sobre nós e guarda-nos na Tua paz de que muito necessitamos.

Ao terminar, harmonias siderais dominavam a sala ampla. Todos choravam discretamente.

O mensageiro do Mundo maior deteve-se, por um pouco, em silêncio, após o que, liberou-nos a todos, exortando-nos:

— *Ide em paz de retorno aos vossos deveres habituais! Que o Senhor de bênçãos vos abençoe e vos conduza por onde quer que fordes!*

Recebei a gratidão daqueles que mourejamos convosco na construção do Reino de paz e de plenitude.

Não era necessário acrescentar mais nada, nem isso aconteceu.

Saímos silenciosamente do recinto, como ocorreu com as demais equipes, nimbados de peregrina luz e, à medida que alcançávamos a ampla área nas proximidades do mar, o fascínio da noite e a sensação do dever nobremente cumprido, dominavam-nos, impedindo-nos de expressar qualquer tipo de sentimento que nos envolvia.

As despedidas, portanto, foram sem palavras.

Havia uma inconfundível vibração de paz e de felicidade em todos os grupos que, de imediato, desapareceram no zimbório estrelado, deixando o rastro de luz, qual fizeram os que estavam chegando.

De nossa parte, também emergimos da Terra na direção do nosso Núcleo espiritual, agradecidos a Deus e profundamente reconhecidos ao Dr. Arquimedes e aos irmãos generosos que nos enriqueceram de harmonia e de conhecimentos.

Logo me dei conta de que o amor para com o planeta terrestre permanecia no meu coração; silenciosamente roguei a Deus permitisse-me voltar muitas vezes ao seu seio generoso e acolhedor.

Este livro foi impresso na
LIS GRÁFICA E EDITORA LTDA.
Rua Felício Antônio Alves, 370 – Bonsucesso
CEP 07175-450 – Guarulhos – SP
Fone: (11) 3382-0777 – Fax: (11) 3382-0778
lisgrafica@lisgrafica.com.br – www.lisgrafica.com.br